Königs Erläuterungen und Materialien
Band 192

Erläuterungen zu

Theodor Storm

Der Schimmelreiter

von Annika Schank

Bange Verlag

Über die Autorin dieser Erläuterung:
Annika Schank, geboren 1981 auf Norderney, seit 2002 Studium der Komparatistik, Kunstgeschichte und Philosophie an der Universität Bonn.

1. Auflage 2003
ISBN 3-8044-1762-0

Titelabbildung: Theodor Storm
Druck und Weiterverarbeitung: Tiskárna Akcent, Vimperk

Vorwort

Theodor Storm, vielen vor allem als Lyriker bekannt, gilt auch als einer der bedeutendsten deutschen Novellisten. Er verfasste insgesamt 85 Novellen, Erzählungen und Kunstmärchen. *Der Schimmelreiter*, sein letztes vollendetes Werk, gilt zugleich als das berühmteste und das künstlerisch anspruchsvollste seines Schaffens.

Als Warnung vor uneingeschränktem Fortschrittsglauben und Selbstüberschätzung des Menschen gegenüber der Natur ist die Novelle noch heute aktuell.

Der vorliegende Erläuterungsband erhebt keinen Anspruch auf Vollständigkeit, sondern möchte einen kurzen Überblick geben über Leben und Werk Theodor Storms, dieses berühmten Vertreters des Realismus in der deutschen Literatur.

Die Charakterisierungen der Personen fallen sehr ausführlich aus, weil darin viele Interpretationsansätze schon vorweggenommen werden. In der Personenkonstellation und in den Charaktereigenschaften des Deichgrafen sind einige Gründe für sein späteres Scheitern bereits angelegt.

Die Angaben orientieren sich an der Textausgabe des Reclam-Verlags (durchgesehene Ausgabe 2001, UB 6015).

1. Theodor Storm: Leben und Werk

1.1 Biografie

Jahr	Ort	Ereignis	Alter
1817	Husum	**Hans Theodor Woldsen Storm** wird am 14. 9. als Sohn des Rechtsanwalts Johann Casimir Storm und seiner Frau Lucie geboren.	
1826–1835	Husum	Besuch der Gelehrtenschule	9–18
1833	Husum	Erstes Gedicht *An Emma*	16
1834	Husum	Veröffentlichung des Gedichts *Sängers Abendlied* am 27. 7. im „Husumer Wochenblatt"	17
1835	Lübeck	Auf Wunsch des Vaters Besuch des Katharineums zur Vorbereitung aufs Studium; Bekanntschaft mit den Werken Goethes, Heines und Eichendorffs	18
1837	Kiel	Verlobung mit der 17-jährigen Emma Kühl aus Föhr; Beginn des Jurastudiums	20
1838	Kiel, Berlin, Dresden	Auflösung der Verlobung; Studienaufenthalt in Berlin; Reise nach Dresden; Veröffentlichung von Gedichten in den „Neuen Pariser Modeblättern"	21

Jahr	Ort	Ereignis	Alter
1839	Kiel	Rückkehr an die Universität Kiel; Freundschaft mit den Brüdern Theodor und Tycho Mommsen	22
1842	Kiel, Husum	Staatsexamen; Mitarbeit in der Kanzlei des Vaters; Sammlung von Sagen und Reimen aus Schleswig-Holstein	25
1843	Husum	Eröffnung einer eigenen Rechtsanwaltskanzlei; Gründung eines Gesangvereins; Veröffentlichung des *Liederbuches dreier Freunde*, einer Lyriksammlung in Zusammenarbeit mit den Mommsen-Brüdern mit 40 Gedichten von Storm	26
1844	Husum	Verlobung mit seiner Cousine Constanze Esmarch; Engagement für die schleswig-holsteinische Unabhängigkeitsbewegung	27
1846	Segeberg	Am 15. 9. Hochzeit mit Constanze	29
1846–1851	Husum	Veröffentlichung diverser Gedichte, Anekdoten und Erzählungen in den *Volksbüchern für die Herzogtümer Schleswig, Holstein und Lauenburg*	29–34
1847	Husum	Verhältnis mit Dorothea Jensen, einem Mädchen aus dem	30

Jahr	Ort	Ereignis	Alter
		Chor, der Storm Liebesgedichte schreibt	
1848	Husum	Geburt des Sohnes Hans	31
1849	Husum	Unterzeichnung einer Petition, in der gefordert wird, die Personalunion mit Dänemark aufzuheben; Mitgliedschaft in einem Komitee, das die Wahl einer Landesversammlung vorbereitet; 1. Fassung von *Immensee*	32
1851	Husum	Geburt des Sohnes Ernst	34
1852	Husum, Berlin	Im November Entziehung der Zulassung als Rechtsanwalt durch den dänischen König; Suche nach einer Stelle im preußischen Justizdienst; 2. Fassung von *Immensee*	35
1853	Husum, Potsdam	Geburt des Sohnes Karl am 14. 10.; Ernennung zum preußischen Gerichtsassessor; von November an Arbeit im Kreisgericht Potsdam als Volontär ohne Gehalt; Bekanntschaft mit Theodor Fontane und Paul Heyse	36
1855	Potsdam	Im Sommer Geburt der Tochter Lisbeth; Besuch bei Eduard Mörike; *Angelika*	38
1856	Heiligenstadt (Thüringen)	Im Juli Ernennung zum Kreisrichter in Heiligenstadt; ab-	39

Jahr	Ort	Ereignis	Alter
		hängig von finanzieller Unterstützung der Eltern	
1859–1862	Heiligenstadt	*Auf dem Staatshof* (1859); *Veronika* (1861); *Knecht Ruprecht* (1862); *Im Schloss* (1861)	42–45
1860	Husum	Geburt der Tochter Lucie	43
1863	Husum	Geburt der Tochter Elsabe	46
1864	Husum	Im Februar Wahl zum Landvogt des Kreises Husum; *Bulemanns Haus*	47
1865	Husum	Tod Constanzes am 20. 5. bei der Geburt des 7. Kindes Gertrud; Gedichtzyklus *Tiefe Schatten*; *Der Spiegel des Cyprianus*; *Von jenseits des Meeres*	48
1866	Husum	Am 13. 6. Hochzeit mit Dorothea Jensen; *Die Regentrude*	49
1868	Husum	Nach Abschaffung des Landvogt-Amtes Amtsrichter; 1. Auflage der *Gesammelten Schriften*; am 4. 11. Geburt der Tochter Friederike	51
1870	Husum	*Hausbuch aus deutschen Dichtern seit Claudius. Eine kritische Anthologie*	53
1872	Leopoldskron, München	Reisen nach Leopoldskron und München; *Draußen im Heidedorf*	55

Jahr	Ort	Ereignis	Alter
1874	Husum	Entstehung der einzigen Erzählung speziell für Jugendliche, *Pole Poppenspäler*, als Auftragsarbeit; Ernennung zum Oberamtsrichter; *Viola tricolor*	57
1876	Husum	*Aquis Submersus*	59
1877	Husum	Freundschaft und Briefwechsel mit Gottfried Keller; *Carsten Curator*	60
1878	Husum	*Renate*	61
1879	Husum	Ernennung zum Amtsgerichtsrat	62
1880	Hademarschen	Zum 1. 5. vorzeitige Pensionierung auf eigenen Wunsch; Umzug nach Hademarschen; *Die Söhne des Senators*	63
1881	Hademarschen	*Der Herr Etatsrat*	64
1882	Hademarschen	*Hans und Heinz Kirch*	65
1884	Berlin	Reise nach Berlin; Bankett zu Ehren Storms	67
1886	Weimar, Hademarschen	Als Mitglied der „Goethe-Gesellschaft" Reise nach Weimar zur 1. Jahresversammlung; *Bötjer Basch*; Beginn der Arbeit am ***Schimmelreiter***	69
1887	Hademarschen	*Ein Doppelgänger*; *Ein Bekenntnis*; Fragment *Sylter Novelle*;	70

Jahr	Ort	Ereignis	Alter
		Verleihung der Ehrenbürgerschaft der Stadt Husum anlässlich des 70. Geburtstags	
1888	Hademarschen	Am 9. 2. Vollendung der Novelle ***Der Schimmelreiter***; Erscheinen im April in der Zeitschrift „Deutsche Rundschau"; Storm stirbt am 4. 7. an Magenkrebs.	

1.2 Zeitgeschichtlicher Hintergrund

Storm nahm regen Anteil am unruhigen politischen Geschehen seiner Zeit und bezog in Briefen an Freunde und Verwandte kritisch Stellung.

Nachdem Napoleon in der Schlacht von Waterloo geschlagen worden war, sollte der Wiener Kongress unter dem Vorsitz von Fürst Metternich 1815 die Verhältnisse in Europa in eine neue Ordnung bringen. Der Deutsche Bund mit Bundesversammlung in Frankfurt wurde gegründet. Die Restaurationspolitik leitete eine Phase der Reaktion und Regression ein. Der Adel und das konservative Bürgertum lehnten die aufkommenden liberalen und nationalen Ideen ab. Die Karlsbader Beschlüsse von 1819 erzwangen mit verschärfter Zensur, Berufsverboten und strenger Überwachung der Universitäten Ruhe im Innern. Mit polizeistaatlichen Mitteln wurde die nationale Bewegung unterdrückt. Die Karlsbader Beschlüsse wurden Bestandteil der Wiener Schlussakte und damit der Bundesverfassung.

Die Ideale der Französischen Revolution, Freiheit, Gleichheit und Brüderlichkeit, waren nicht verwirklicht worden; die politische Situation in Europa war angespannt.

Die Pariser Juli-Revolution 1830 trug die Auflehnung gegen die Macht der Fürsten und die Privilegien des Adels auch nach Deutschland.

Auflehnung gegen die Macht der Fürsten

Schleswig-Holstein war von der Neuordnung Europas nach dem Ende der Napoleonischen Ära 1815 zunächst kaum betroffen. Die Herzogtümer Schleswig und Holstein gehörten seit 1773 zum dänischen Königreich. Ihre Einwohner mussten dänische Sprachkenntnisse nachweisen. Das Herzogtum Schleswig war in Personalunion mit der dänischen Krone verbunden und trat deshalb dem Deutschen Bund 1815 nicht bei.

Nach dem Sturz der französischen Monarchie im Februar 1848 forderten auch in Deutschland liberale Demonstranten demokratische Rechte sowie ein gesamtdeutsches Parlament. Nach den Barrikadenkämpfen vom März wurden die Regierungen durch Reformministerien, sog. „Märzministerien", ersetzt. Der Bundestag hob die Zensur auf. Nach gesamtdeutschen Wahlen wurde am 18. Mai 1848 die Verfassungsgebende Nationalversammlung in der Paulskirche in Frankfurt eröffnet.

Herzogtümer Schleswig und Holstein

Jetzt erst erreichte die nationale Erhebung auch Schleswig und Holstein. Nachdem am 21. März 1848 der dänische König Friedrich VII. die Herzogtümer Schleswig und Holstein annektiert hatte, begann die Auflehnung gegen Dänemark.

Storm arbeitete als Berichterstatter für die „Schleswig-Holsteinische Zeitung", das Organ der „Provisorischen Regierung", die am 24. März 1848 gebildet wurde. Er engagierte sich vor allem, weil er um den Bestand der deutschen Sprache fürchtete. Die Bewegung erfuhr zunächst Unterstützung von Preußen. Preußische Truppen rückten im Auftrag des Deutschen Bundes in Dänemark ein. Doch die europäischen Großmächte, Russland, England und Frankreich, erzwangen im August einen Waffenstillstand. Der provisorischen Regierung war damit die Basis entzogen.

Erhaltung des dänischen Gesamtstaates

Nach der Schlacht von Idstedt am 25. Juli 1850 und der Belagerung von Friedrichsstadt gab Preußen auf russisch-französischen Druck im Frieden von Berlin seine Ansprüche auf die Herzogtümer auf. Im Londoner Protokoll von 1852 wurde die Erhaltung des dänischen Gesamtstaates

garantiert. In dieser Zeit entstanden viele politische Gedichte Theodor Storms.
Im November 1852 entzog der dänische König Storm seine Zulassung als Rechtsanwalt. Der verzichtete darauf, in Kopenhagen mit einer Bittschrift vorstellig zu werden, um nicht als Anwalt für die dänischen Behörden arbeiten zu müssen. Storm zog es vor, nach Preußen zu emigrieren, wo er unter großen Schwierigkeiten eine neue Existenz aufbauen konnte. Sein Leben dort empfand er als Exil.
Die Forderung nach nationaler Eigenständigkeit wurde nach der Niederlage lauter. Am 13. November 1863 wurden die beiden Herzogtümer zu dänischem Staatsgebiet erklärt. Christian IX., der am 15. November 1863 König von Dänemark wurde, setzte auf Druck nationalistischer Kreise eine Verfassung in Kraft, die bis zur Eidergrenze Geltung hatte und das Herzogtum Schleswig in den dänischen Gesamtstaat einband.
Im Januar 1864 stellten Preußen und Österreich daraufhin Dänemark ein Ultimatum. Bismarck machte auf den Bruch des Londoner Protokolls aufmerksam. So sicherte er sich die Neutralität der Großmächte und konnte den Deutschen Bund zum militärischen Einmarsch in die Herzogtümer bewegen. Am 18. April 1864 durchbrachen preußische Truppen die dänische Verteidigungslinie, die „Düppeler Schanzen". Die Dänen kapitulierten nach der Besetzung von Alsen und traten im Frieden von Wien im Oktober alle Rechte an den Herzogtümern ab. Als die Grenze zwischen Dänemark und Schleswig neu festgelegt wurde, verlor das Königreich ein Drittel seines bisherigen Staatsgebietes.
Storms Traum von einem unabhängigen Schleswig-Holstein ging dennoch nicht in Erfüllung. Der als Befreier bejubelte Bismarck verfolgte eigene Pläne. Zunächst wurden im Ver-

trag von Gastein am 14. August 1865 die Provinz Schleswig unter preußische und Holstein unter österreichische Verwaltung gestellt. Nach dem Sieg Preußens über Österreich im Deutschen Krieg 1866 (Schlacht von Königgrätz) annektierte Preußen die beiden Herzogtümer und gliederte sie als nördlichste Provinz in das bestehende Königreich ein. Die preußische Justizreform stellte den Landvogt Storm 1867 vor die Alternative, zwischen einem Amt in der Verwaltung und einem in der Justiz zu wählen. Storm wurde Amtsrichter in Husum, weil er sich so größere Unabhängigkeit von der preußischen Verwaltung erhoffte.

Preußen annektiert die beiden Herzogtümer

Der Sieg im Deutsch-Französischen Krieg 1870 und die Gründung des Deutschen Reiches im Versailler Spiegelsaal am 18. Januar 1871 lösten eine Welle nationaler Begeisterung aus. Storm blieb skeptisch. Er bezeichnete Bismarcks Vorgehen als „Räuberpolitik“[1]. Dem wirtschaftlichen Aufschwung durch die französischen Kriegsentschädigungen folgte ein jäher Zusammenbruch. In den folgenden Jahren erließ Bismarck unter dem Druck der Verhältnisse liberale Sozialgesetze. 1888 wurde Wilhelm II. deutscher Kaiser.

Gründung des Deutschen Reiches

In diese so genannte Gründerzeit fällt die Entstehung des *Schimmelreiters*.

poetischer Realismus

Literaturgeschichtlich gehört Storms Spätwerk in die Phase des so genannten poetischen Realismus, einer Richtung, die sich seit 1848 auch im deutschsprachigen Raum durchgesetzt und es sich zur Aufgabe gemacht hatte, die genaue Beschreibung der Re-

1 Brief an Ludwig Pietsch, 27. 12. 1864.

alität mit einem subjektiven Erzählverhalten zu kombinieren. Der Realismus verfolgte nicht das Ziel, die Wirklichkeit abzubilden, sondern durch Verdichtung und künstlerische Gestaltung über eine naturalistische Wiedergabe hinaus die Wahrheit darzustellen.

1.3 Angaben und Erläuterungen zu wesentlichen Werken

Auffällige Gestaltungsmerkmale in Storms Novellen sind die Strukturierung des Aufbaus in Rahmen- und Binnenhandlung und das Erzählen aus der Erinnerung.

Pole Poppenspäler

Wie im Fall Hauke Haiens wird auch in *Pole Poppenspäler* (1874) die Lebensgeschichte eines Mannes von Kindheit an verfolgt. Auch der Drechsler Paul Paulsen muss mit Mobbing und Verleumdungen fertig werden. Während man Hauke vorwirft, sich eingeheiratet zu haben, muss Paul sich mit der Anschuldigung auseinander setzen, der Umgang mit den Puppenspielern sei der falsche für ihn. Anders als Hauke bleibt der erfolgreiche Handwerker ein anerkannter Mann, dessen „unstandesgemäße" Ehe seinem Ansehen keinen Abbruch tut.

Aquis submersus

Die namenlosen Erzähler der Rahmenhandlung in *Pole Poppenspäler* und in *Aquis submersus* (1876) weisen wie derjenige im *Schimmelreiter* autobiografische Züge auf. Die Vorausdeutung des Titels im Rahmen bildet in *Aquis submersus* die Verknüpfung mit der Binnenhandlung.

Diese Novelle zeigt noch andere Ähnlichkeiten mit dem *Schimmelreiter*: Der tragische Tod im Wasser, wenn auch unter völlig anderen Umständen, wird hier schon im Titel vorweggenommen. Die Frage nach der Schuld spielt eine zentrale Rolle. Anders als Hauke hat sich die Hauptfigur Johannes allerdings nach rechtlichen und moralischen Maßstäben nicht wirklich schuldig gemacht, sondern ist durch das Wirken anderer und unglückliche Zufälle in die tragische Situation geraten, die seine Schuldgefühle auslöst. Religiöse Motive spielen eine Rolle, jedoch stehen negative Sei-

ten des Christentums im Vordergrund: So soll eine Frau als Hexe verbrannt werden, und der Pfarrer in der Binnenhandlung ist als düstere Gestalt angelegt. Auch gruselige Elemente treten auf: Großen Einfluss auf das Handeln der Personen hat das Erscheinen der unheimlichen Bas' Ursel. Der Fluch der Ahnfrau erzeugt den Eindruck, dass das Schicksal der beiden Liebenden, Johannes und Katharina, vorausbestimmt ist, ebenso wie die Flüche im *Schimmelreiter* eine vorwegnehmende Funktion erfüllen. Die Tochter der Ahnfrau, die diese verflucht hatte, ertränkt sich.
Auch in den Novellen *Ein Doppelgänger* (1886) und *Carsten Curator* (1877) spielt der Tod durch Ertrinken eine Rolle. In der letzteren verschwindet der gescheiterte Sohn der Titelfigur in einer Sturmflutnacht spurlos.
Während sich Hauke als Deichgraf mit seinem größten Herausforderer, dem übermächtigen Meer, anlegt, fordern Johannes und Katharina in *Aquis submerus* das Schicksal heraus, indem sie gegen Konventionen verstoßen, als Katharina die für sie arrangierte Hochzeit ablehnt.
Auffällig ist die Reihe von Todesfällen: Viele Unschuldige, wie Johannes' Ziehvater, Herr Gerhardus, dessen Diener, die „Hexe" und schließlich der kleine Johannes, das uneheliche Kind von Johannes und Katharina, sterben. Während der Deichgraf sich verblendet über die Elmente erhebt und deren Macht verkennt, trifft der Tod hier Menschen, deren Charakter und Handlungen keinen Einfluss auf ihr Schicksal nehmen.

Beim Vetter Christian

Die alte Karoline in der Novelle *Beim Vetter Christian* wird im Gegensatz zur Bas' Ursel als komischer Charakter eingeführt. Ebenso wie Trien' Jans im *Schimmelreiter* lebt sie im Haushalt der Hauptperson, und erst die Zuwendung eines Kindes lässt die brum-

mige Alte gutmütige Züge entwickeln. Anders als die „alte Hexe" im Schimmelreiter entbehrt sie jedoch jeder finsteren, bedrohlichen Ausstrahlung, sondern wirkt in ihrem vergeblichen Bemühen, die Hochzeit zwischen Christian und Julie zu verhindern, eher unbeholfen. In der Novelle *Ein Doppelgänger* ist die alte Küster-Mariken, die im Haus der Hauptfigur John einzieht, wie eine Großmutter für dessen Tochter Christine.
In dieser Novelle taucht das Motiv der Esche wieder auf. Bezeichnenderweise wird sie von dem jähzornigen John, der im Affekt seine Frau tötet, gefällt und später ein Sarg daraus gezimmert. Landschaftliche Motive, besonders das Meer, kehren auch in Storms Gedichten immer wieder.
Das Motiv der schweren, für die Mutter beinahe tödlichen Geburt, das im *Schimmelreiter* wieder aufgegriffen wird, kommt bereits 1874 in der Novelle *Viola tricolor* vor, wo Ines bei der Geburt ihrer Tochter beinahe stirbt.
Expliziter als im *Schimmelreiter* tritt die Auseinandersetzung mit gesellschaftlichen Fragen wie der neuen Werteorientierung und die Kritik am Aufstiegs- und Machtstreben der Gründerzeit in anderen Novellen, z. B. *Pole Poppenspäler*, *Carsten Curator* und *Ein Doppelgänger,* zu Tage. In den letzteren und seiner Erzählung *Der Herr Etatsrat* (1881) kritisiert Storm nicht nur das Bürgertum, sondern thematisiert auch den Verfall der Familie durch Gewalt, Egoismus, Gefühlskälte und Alkoholismus. Der alte Carsten fürchtet eher den Zerfall seiner Familie als den des Hauses durch die Sturmflut.
Während es bei der Stiefmutterproblematik in *Viola tricolor* und den zerstrittenen Brüdern in *Die Söhne des Senators* (1880) noch eine Versöhnung und ein gutes Ende geben konnte, findet Hauke Haien in der Familie zwar zunächst Rückhalt, entfremdet sich allerdings durch sein Projekt von ihr und verliert sie schließlich.

2. Textanalyse und -interpretation

2.1 Entstehung und Quellen

Die Entstehungsgeschichte des *Schimmelreiters* lässt sich anhand zahlreicher Tagebucheinträge und Briefe Theodor Storms gut nachvollziehen.

umfangreiche Recherchen

Die Arbeit an seinem letzten Werk zog sich über drei Jahre hin. Um die Novelle möglichst realitätsnah zu gestalten, betrieb Storm umfangreiche Recherchen. Er studierte Chroniken über Sturmfluten und arbeitete mit dem Deichbauingenieur Christian Eckermann zusammen, der ihm Informationen über Deichbauweisen vermittelte und ihn in technischen Details beriet. Dessen Tochter Gertrud erstellte Storm eine Zeichnung, der vermutlich eine Landkarte des Husumer Kartografen Johannes Mejer aus dem 17. Jahrhundert zu Grunde liegt. Diese Karte ist jedoch nicht als genauer Schauplatz der Novelle zu verstehen, sondern diente der Inspiration des Autors.

Ebenso wie die Novelle an keinem genau zu bestimmenden realen Schauplatz angesiedelt ist, gibt es auch keine einzelne historische Persönlichkeit, die als Vorbild für den Deichgrafen Hauke Haien diente. Storm nutzte vielmehr die Lebensläufe mehrerer realer Personen als Material für die Erschaffung des fiktionalen Charakters. Forschungen verschiedener Wissenschaftler haben ergeben, dass fünf Deichgrafen und Ingenieure, die zwischen dem 16. und dem 18. Jahrhundert in Friesland wirkten, als Vorbilder in Frage kommen. Einer von ihnen ist der in der Novelle erwähnte Hans Mommsen, dessen überlieferte Lebensbeschreibung fast wörtlich der Beschreibung Haukes im *Schimmelreiter* entspricht.

„Der gespenstige Reiter. Ein Reiseabentheuer“

Den Stoff für die *Schimmelreiter*-Erzählung lieferte zu einem Großteil ein Text mit dem Titel „Der gespenstige Reiter. Ein Reiseabentheuer“, der am 14. April 1838 in der Nr. 45 der Zeitschrift „Danziger Dampfboot“ veröffentlicht wurde. Ein Nachdruck erschien im Herbst 1838 tatsächlich, wie in der Rahmenhandlung erwähnt, in einer Ausgabe der von Pappe in Hamburg herausgegebenen „Lesefrüchte vom Felde der neuesten Literatur“. In der Erzählung gibt ein Mann ein Erlebnis eines Freundes wieder, von dem dieser berichtet hatte. Dieser Freund reitet Anfang April 1829 für wichtige Geschäfte von Danzig nach Marienburg. Ein Unwetter macht die Überquerung der Weichsel unmöglich. Bei seinem Ritt in der Dunkelheit durch die fremde Gegend begegnet ihm ein unheimlicher Reiter, den er zunächst nicht sehen, sondern nur hören kann. Als er erneut vorüberreitet, erkennt der Reisende eine schwarze Gestalt auf einem weißen Pferd. Er ist erleichtert, eine Wachbude zu erreichen, wo er die Nacht mit den Wachen verbringt, die auf drohende Überschwemmungen Acht geben. Er erzählt nichts von seinem Abenteuer, doch alle Anwesenden sehen, wie vor dem Fenster die unheimliche Gestalt vorbeireitet. „Es muss irgendwo große Gefahr sein, denn der Reiter auf dem Schimmel lässt sich sehen“, bemerken sie, „und der größte Theil eilte hinaus“. Der alte Mann, den der Reisende dazu befragt, erklärt, wie vor vielen Jahren „ein entschlossener, einsichtsvoller und allgemein beliebter Mann aus ihrer Mitte das Amt eines Deichgeschworenen“ innehatte, als es zu einer Überschwemmung kam. Der Geschworene, „der einen prächtigen Schimmel ritt“, gab „die richtigsten und angemessensten Befehle“, um dies zu verhindern. „Dennoch unterlagen die Kräfte der schwachen Menschen der schrecklichen Gewalt der Natur". Als der Damm brach, beschuldigte er sich, eben diese Stelle nicht ausreichend beachtet zu haben und sprang voller Verzweiflung mit seinem Schimmel ins Wasser. „Noch scheinen beide nicht Ruhe gefunden zu haben, denn sobald Gefahr vorhanden ist, lassen sie sich noch immer sehen", endet der Alte seine Erzählung. Als der Reisende am Morgen seinen Weg fortsetzt, sieht er „die schreckliche Verheerung, die das Wasser [...] angerichtet hatte". (Kompletter Text siehe unter der Site der Theodor-Storm-Gesellschaft: http://www.storm-gesellschaft.de/Schimmelreiter/html/index.htm, Button "Quellen".)

Geschichte ursprünglich im heutigen Polen angesiedelt

Ursprünglich ist die Geschichte also nicht in Friesland, sondern im heutigen Polen angesiedelt und wurde von Storm in seine Heimat verlagert. Die doppelte Rahmung und die Aufteilung auf drei Erzähler ist bereits angelegt, wobei die Binnenhandlung dieses Textes viel knapper ausfällt als bei Storm. Mit der Ergänzung um die komplette Lebensgeschichte des Deichgrafen fügte er diesem Gerüst den Kern der Novelle hinzu.

Noch andere Sagen kommen als Quellen in Frage: Das Motiv des Deichopfers taucht sowohl in ostpreußischen als auch in friesischen und holsteinischen Sagen auf. In der Sagensammlung von Karl Müllenhoff von 1845, zu der Storm einige Texte beitrug, findet sich außerdem eine Spukgeschichte über einen Sylter Strandvogt.

Die Arbeit am *Schimmelreiter* wurde oft unterbrochen. Storm gab zunächst anderen Arbeiten den Vorzug. In der Zeit von 1886 bis 1888 entstanden die Novellen *Bötjer Basch*, *Ein Doppelgänger* und *Ein Bekenntnis* sowie der Entwurf zur *Sylter Novelle*. Dann hinderte ihn eine schwere Erkrankung am Schreiben. Der Arzt diagnostizierte Magenkrebs, woraufhin

Storm in eine tiefe Depression stürzte. Eine Zeit lang war er völlig arbeitsunfähig.
Thomas Mann schrieb dazu im Nachwort zu einer von ihm herausgegebenen Sammlung von Erzählungen Storms:

> *„Storm wurde fast einundsiebzig. Seine Todeskrankheit war das Marschenübel, […] der Krebs, und zwar der Magenkrebs. Er gab den Großartigen vor und verlangte ‚Klarheit' von seinem Arzt, unter Männern. Als aber der ihm reinen Wein eingeschenkt hatte, fiel er zusammen und überließ sich tiefster Schwermut, so dass alle sahen, er würde den ‚Schimmelreiter', das Höchste und Kühnste, woran er sich je gewagt, nicht vollenden. Sie […] beschlossen, den alten Dichter, der […] seine Männlichkeit überschätzt hatte, wohltätig zu belügen. Sein Bruder Emil, der Arzt war, tat sich mit zwei Kollegen zusammen, und es gab ein Humbug-Konsulium, worauf die Wissenschaft erklärte, das sei alles Unsinn und keine Rede von Krebs, die Magenbeschwerden seien ganz harmloser Art. Storm glaubte es sofort, schnellte empor und hatte einen vorzüglichen Sommer, in dessen Verlauf er […] den ‚Schimmelreiter' fortführte und siegreich beendete, diese mächtige Erzählung, mit der er die Novelle, wie er sie verstand, als epische Schwester des Dramas, auf einen seither nicht wieder erreichten Gipfel führte.*
>
> *[…] Das Meisterwerk, mit dem er sein Künstlerleben krönte, ist ein Produkt barmherziger Illusionierung. Die Fähigkeit, sich illusionieren zu lassen, kam ihm aus dem Vollendungs- und Lebenswillen des außerordentlichen Kunstwerks."*[2]

2 Thomas Mann: Einleitung. In: *Th. Storms Novellen*. Bd. 1. Frankfurt/M. 1953, S. XXIV, zitiert nach: Gerd Eversberg: *Th. Storm. Der Schimmelreiter*. Hollfeld: Bange 1998 (Reihe *Königs Erläuterungen und Materialien*).

Auch in Gertrud Storms Biografie ihres Vaters von 1913 findet sich diese Geschichte.
Seine gesundheitlichen Probleme machten ihm dennoch so zu schaffen, dass er in einem Brief an seine Tochter Elsabe gesteht: „Ganz zufrieden bin ich mit meiner Arbeit nicht; ich hätte sie vor 10 Jahren schreiben sollen."[3]
Die Erzählform der Novelle war zu Storms Schaffenszeiten sehr beliebt, da sie sich aufgrund ihrer Kürze in Zeitschriften abdrucken ließ und einer breiten Leserschaft zugänglich gemacht werden konnte. Auch der *Schimmelreiter* erschien im April 1888 zunächst in einer Zeitschrift, der „Deutschen Rundschau" des Verlags Paetel in Berlin. Bevor Storm das Manuskript an den Verlag schickte, las er es im engsten Familienkreis vor. Die Korrekturen nahm er noch selbst vor. Interessant ist dabei, dass er den ursprünglichen Schluss der Novelle verwarf. Dieser Schluss, der von Karl Ernst Laage 1979 entdeckt wurde, sah vor, dass der Dienstjunge des Deichgrafen dessen Selbstmord beobachtet und Vollina davon erzählt. Als Erklärung für die Erscheinung des Schimmelreiters führt der Schulmeister an, es könne sich dabei um einen Hofbesitzer aus der Umgebung gehandelt haben. Storm widmete das Werk seinem Sohn Ernst, der Rechtsanwalt und Notar in Husum war. Das Erscheinen der ersten Buchausgabe im Herbst 1888 erlebte er nicht mehr. Storm war sich der Schwierigkeit der Zuordnung seines *Schimmelreiters* zu einer Gattung bewusst: „Novelle braucht es nicht genannt zu werden; etwa: ‚Eine Deichgeschichte' oder ‚Eine Geschichte aus der Marsch'"[4].

Erstdruck April 1888

3 Brief vom 17. 2. 1888, aus: Theodor Storm: *Briefe an seine Kinder*. Hg. v. Gertrud Storm. Braunschweig 1916, S. 285.
4 Brief an F. Tönnies vom 7. 4. 1888.

2.2 Inhaltsangabe

Außenrahmen
1. ab S. 3, Z. 1:
Der Autor berichtet, wie er vor über fünfzig Jahren in einer Zeitschrift eine Geschichte las. Obwohl er sich nicht sicher sei, ob sie der Wahrheit entspreche, habe er sie niemals vergessen können.

Rahmenhandlung
2. ab S. 3, Z. 21:
An einem Oktobernachmittag um 1830 reitet ein Mann während eines Unwetters auf dem Weg in die Stadt einen Deich in Nordfriesland entlang. In der Dämmerung begegnet er einer dunklen Gestalt auf einem Pferd, die schnell, jedoch geräuschlos, zweimal an ihm vorüberreitet. Er kehrt in ein Wirtshaus ein, in dem eine Versammlung wegen des Hochwassers stattfindet. Dem anwesenden Deichgrafen berichtet er von der Begegnung. Während die übrigen Anwesenden erschrecken, beginnt der Schulmeister, die Geschichte vom „Schimmelreiter" Hauke Haien zu erzählen, die sich in der Mitte des vorigen Jahrhunderts zugetragen haben soll.

Binnenhandlung
ab S. 9, Z. 4: *Haukes Kindheit*
Hauke Haien zeigt schon als Kind eine ungewöhnliche mathematische Begabung. Oft sieht er seinem Vater, dem Feldmesser Tede, bei der Arbeit zu und stellt Fragen, die dieser nicht beantworten kann. Mit Hilfe einer holländischen Euklid-Ausgabe lernt er Holländisch und Mathematik. Um Hauke an praktische Arbeit heranzuführen, schickt sein Vater ihn auf den Deich zum Erdekarren. Hauke lernt in den

Pausen und beobachtet das Meer. Er erkennt, dass die Deiche geändert werden müssen und teilt dies seinem Vater mit. Der erklärt ironisch, er könne ja Deichgraf werden.

Rahmenhandlung
S. 10, Z. 28 bis Z. 35:
Der Schulmeister vergleicht Hauke Haien mit dem späteren Bauernmathematiker Hans Mommsen und stellt fest, dass diesem „Größeren" wohl auch die Verdienste seiner Vorgänger angerechnet wurden.

Binnenhandlung
3. ab S. 13, Z. 14: *Haukes Jugend*
Hauke fertigt Profilzeichnungen und Deichmodelle an. Im Februar werden Leichen angetrieben. Hauke verbringt zwei Abende allein auf dem Deich. Im Nebel beobachtet er unheimliche Gestalten im Watt. Ein Jahr nach seiner Konfirmation tötet er den Kater der Nachbarin Trien' Jans, die sich darüber bei seinem Vater beschwert. Tede und Hauke sind sich einig, dass der Sohn ausziehen und sich eine Anstellung besorgen soll. Da der Deichgraf gerade seinen Kleinknecht entlassen hat, bewirbt Hauke sich um die Stelle. Auf dem Hof trifft er dessen Tochter Elke.

Rahmenhandlung
S. 16, Z. 26 bis S. 17, Z. 15: Den Gästen des Wirtshauses scheint es, als sei der Schimmelreiter am Fenster vorbeigeritten. Der Deichgraf fordert den Schulmeister auf, mit seiner Erzählung innezuhalten. Er scheint den Schimmelreiter zu fürchten. Der Schulmeister erklärt, er habe nicht die Absicht, diesen zu schmähen, und fährt nach einer kurzen Pause fort.

Binnenhandlung

4. ab S. 26, Z. 7: *Die Anstellung*

Tede Haien begleitet seinen Sohn einen Tag später zum Deichgrafen, um die genauen Bedingungen des Arbeitsverhältnisses auszuhandeln.

5. ab S. 29, Z. 8: *Die Arbeit als Kleinknecht*

Hauke beginnt seine Arbeit als Kleinknecht. Bald zieht er den Neid des Großknechts Ole Peters auf sich, der sich dem Jüngeren geistig unterlegen fühlt und ihn darum mit schwerer körperlicher Arbeit schikaniert. Elke fühlt sich Hauke sofort verbunden. In einem Gespräch lernen sie sich näher kennen. Hauke kritisiert dem Deichgrafen gegenüber die nachlässige Arbeit und macht Verbesserungsvorschläge.

6. ab S. 34, Z. 14: *Beziehungen auf dem Deichgrafenhof*

Hauke sorgt dafür, dass der Deichgraf strenger durchgreift. Ole verbreitet dies im Dorf und löst damit bei einigen Dorfbewohnern Abneigung gegen Hauke aus. Bei der Besichtigung im Herbst lobt der Oberdeichgraf die Arbeit des Deichgrafen. Elke weiß, dass dieses Lob eigentlich Hauke gilt, und erzählt es ihm.

7. ab S. 37, Z. 1: *Anmeldung zum Eisboseln*

In Haukes drittem Dienstjahr soll im Dorf ein Wettkampf im Eisboseln stattfinden. Hauke meldet sich zunächst nicht, da er fürchtet, von Ole, dem Sprecher der Dorfmannschaft, zurückgewiesen zu werden. Elke ermutigt ihn schließlich zur Anmeldung.

8. ab S. 40, Z. 21: *Der Wettkampf*

Statt Hauke bei Regelverletzungen zu verteidigen, behindert Ole seine Würfe. Elke greift ein und stellt sich auf Haukes Seite. Trien' Jans versöhnt sich nach Jahren mit Hauke. Er gewinnt das Spiel und steht für einen Moment im Mittelpunkt. Doch schon am Abend, als im Wirtshaus gefeiert wird, scheint der Anlass des Festes, der Wettkampf am Nachmittag und sein Sieg, vergessen. Elke weigert sich, so wie sie es Hauke versprochen hat, mit Ole zu tanzen, der daraufhin den Abend mit Vollina Harders verbringt. Hauke und Elke kommen sich näher und gestehen einander ihre Gefühle.

9. ab S. 48, Z. 31: *Ole Peters' Aufstieg*

Am Sonntag darauf kauft Hauke einen Ring für Elke. Ein Jahr lang trägt er ihn mit sich herum und wartet auf eine passende Gelegenheit. Beim Deichgrafen direkt um die Hand seiner Tochter anzuhalten, wagt er nicht. Ole Peters heiratet Vollina, die er auf dem Winterfest kennen gelernt hat, und übernimmt den Hof ihres Vaters. Hauke wird zum Großknecht befördert. Auch Haukes und Elkes Väter werden älter; der Generationenwechsel bahnt sich an.

10. ab S. 51, Z. 26: *Der Tod Tede Haiens*

Hauke wird vom Deichgrafen aus dem Dienst entlassen, um seinen alten Vater zu unterstützen. Tede Haien stirbt einige Monate später. Auf dem Sterbebett eröffnet er seinem Sohn, er habe sein Leben lang gespart, um Hauke in seinem Traum, Deichgraf zu werden, zu unterstützen. Elke besucht Hauke am Tag nach dem Begräbnis und lädt ihn auf den Deichgrafenhof ein. Der Deichgraf behandelt ihn nun wie einen Freund. Hauke erledigt seine Arbeit mit. Gemeinsam bereiten sie die Herbstinspektion durch den Oberdeichgrafen vor.

Rahmenhandlung

11. ab S. 54, Z. 31:

Zwei Wachen melden, dass der Schimmelreiter sich beim Hauke-Haien-Koog in den Bruch im Deich gestürzt habe. Während der Deichgraf und seine Leute nachschauen gehen, lädt der Schulmeister den Reisenden auf sein Zimmer ein, um in der Erzählung fortzufahren.

Binnenhandlung

ab S. 56, Z. 20: *Die heimliche Verlobung*

Ole Peters erbt das Vermögen seines Schwiegervaters. Der Plan, Deichgraf zu werden, nimmt in Hauke immer konkretere Formen an. Doch durch seine hartnäckige Strenge hat er sich im Dorf unbeliebt gemacht. Er entwickelt extremen Ehrgeiz und Zorn auf seine Widersacher. Auf der Hochzeitsfeier einer gemeinsamen Bekannten verloben sich Hauke und Elke heimlich.

12. ab S. 59, Z. 10: *Der Tod des Deichgrafen*

Der alte Deichgraf stirbt. Auf seiner Beerdigung schlägt der Pastor Hauke als Nachfolger vor. Als Zweifel aufkommen, ob Hauke das nötige Vermögen für das Amt besitzt, erklärt Elke, dass sie mit Hauke verlobt sei und ihm vor der Hochzeit all ihren Besitz, ihr väterliches Erbe, übertragen wolle.

13. ab S. 66, Z. 1: *Die Arbeit als Deichgraf*

Einige Jahre sind vergangen; Hauke arbeitet viel, um die Versäumnisse seines Vorgängers aufzuholen. Elke ist abends meist allein. Ole bringt in Umlauf, Hauke habe nur wegen seiner Frau Deichgraf werden können. Hauke hört davon. Er fasst den Plan für die neue Eindeichung und den Koog und beginnt bald mit der Arbeit, die ihn so in Anspruch nimmt, dass er kaum noch Kontakt zu anderen Menschen hat.

Rahmenhandlung

14. ab S. 74, Z. 25: Der Schulmeister macht darauf aufmerksam, dass sein bisheriger Bericht auf den Überlieferungen glaubwürdiger Zeitzeugen beruhe, der folgende Teil allerdings Dorfklatsch sei.

Binnenhandlung

ab S. 75, Z. 3: *Die Erscheinung auf der Hallig*

Der Tagelöhner, der nun das Haus Tede Haiens bewohnt, und Iven Johns, der Knecht des Deichgrafen, machen eines Abends Ende März eine Beobachtung: Auf der unbewohnten und ungenutzten Hallig Jeverssand, die zwischen dem Dorf und dem gegenüberliegenden Ufer im Wattenmeer liegt, kann man das Skelett eines Pferdes erkennen. In dieser nebligen Vollmondnacht scheint sich dort ein lebendiges Wesen aufzuhalten. Carsten, der Dienstjunge des Deichgrafen, erkennt ein Pferd darin und sieht, dass das Pferdegerippe verschwunden ist. Sie verabreden, dass Carsten am nächsten Abend zur Hallig fahren und nachsehen soll.

15. ab S. 78, Z. 18: *Der Kauf des Schimmels*

Carsten rudert zur Hallig. Während der Knecht auf dem Deich wartet, sieht er, wie der Junge auf das Pferd zugeht und dann umkehrt. Als Carsten zurückkommt, berichtet er, dort nur das Gerippe gesehen zu haben. Gemeinsam auf dem Deich stehend, sehen sie die Erscheinung wieder. Einige Zeit später reitet Hauke in die Stadt, wo ein Pferdemarkt stattfindet. Er kauft einem Händler einen verwahrlosten Schimmel ab. Haukes Plan für den neuen Deich ist im Wesentlichen genehmigt worden. Mit Elke spricht er über ihren zukünftigen Wohlstand und über die Kinderlosigkeit ihrer Ehe. Hauke versorgt den Schimmel immer selbst, und er entwickelt sich gut. Das Pferd gehorcht niemandem außer ihm. Der Junge erschrickt, als er den Schimmel sieht. Er berichtet dem Knecht, dass die Erscheinungen auf der Hallig seit dem Kauf des Schimmels aufgehört haben; auch das Pferdegerippe sei verschwunden. Verängstigt kündigt er seinen Dienst und fängt als Knecht bei Ole an, wo seine Geschichte gern gehört und weitererzählt wird.

16. ab S. 87, Z. 31: *Genehmigung der Eindeichung*
Der Beschluss zur neuen Eindeichung wird getroffen. Auf der Versammlung der Deichgevollmächtigten setzt Hauke – unterstützt von Jewe Manners – gegen finanzielle Bedenken und den Protest der anderen mit Mühe seinen Plan durch.
17. ab S. 92, Z. 19: *Wienkes Geburt*
Als bei einer Versammlung die Aufteilung von Arbeit und Kosten besprochen wird, kommt es zum Streit mit Ole, der Hauke vorwirft, sich am neuen Koog persönlich bereichern zu wollen. Die Arbeit am neuen Deich beginnt. Hauke greift hart durch. Statt seines Wallachs reitet er nun den Schimmel und wird von den Arbeitern bald „der Schimmelreiter" genannt. Im 9. Ehejahr bringt Elke die behinderte Tochter Wienke zur Welt. Bei der Geburt fällt sie in ein Fieber und fantasiert. Hauke betet um ihr Leben und bezweifelt dabei die Allmacht Gottes. Elke überlebt knapp. Haukes Gebet spricht sich im Dorf herum. Das Misstrauen gegen ihn wächst. Im November wird die Deicharbeit wegen des Wetters eingestellt.
18. ab S. 102, Z. 1: *Streit am Deichbau*
Im Frühling wird die Arbeit wieder aufgenommen. An die Stelle des im Winter verstorbenen Gevollmächtigten Jewe Manners tritt Ole Peters. Wienke entwickelt sich langsam. Ihre Eltern kümmern sich liebevoll um sie. Ende November erschweren die Wetterverhältnisse die Arbeit am Deich, doch auf Wunsch des Deichgrafen soll er vor dem Winter vollendet werden. Während einer Flut kommt es zum Streit am Bau. Die Arbeiter wollen einen kleinen Hund im Deich mit eingraben. Als Hauke es verbietet, drohen sie zu meutern. Ein Freund Jewes entschärft die Situation und bringt die Männer wieder an die Arbeit. Er warnt Hauke, nicht zu

weit zu gehen. Hauke nimmt den Hund mit nach Hause und schenkt ihn Wienke

19. ab S. 108, Z. 21: *Fertigstellung des Deichs*

Der Abschluss der Deicharbeiten wird mit einem Festmahl im Hause des Deichgrafen gefeiert, zu dem der Oberdeichgraf und hohe Beamte geladen werden. Bei der gemeinsamen Besichtigung des neuen Deichs erntet Hauke viel Lob. Er ist stolz auf sein Werk. Eine Genugtuung erfährt er, als er mithört, wie zwei Arbeiter den Koog, der offiziell den Namen „Carolinenkoog" trägt, als „Hauke-Haien-Koog" bezeichnen.

20. ab S. 111, Z. 8: *Wienkes Kindheit*

Die inzwischen 80-jährige Trien' Jans zieht auf dem Hof des Deichgrafen ein. Wienke freundet sich mit ihr an und verbringt viel Zeit mit der Alten, der Möwe „Claus", die diese als Haustier mitgebracht hat, und ihrem Hund „Perle". Hauke zeigt Wienke das Meer. Sie fürchtet sich, findet aber Schutz bei ihrem Vater. Am gleichen Tag erzählt Elke Hauke, dass Wienke geistig zurückgeblieben ist. Er hatte es längst geahnt. Seiner Liebe zu seiner Tochter tut das keinen Abbruch.

21. ab S. 118, Z. 24: *Trien' Jans' Schauermärchen*

Trien' Jans erzählt Wienke Schauergeschichten. Hauke wird darüber ärgerlich. Er geht mit Wienke zum Deich und zeigt ihr im Nebel die Erscheinungen, die er selbst früher dort sah. Er kennt inzwischen die natürliche Erklärung für dieses Phänomen und macht Wienke klar, dass es nur Vögel seien, die durch den Nebel verzerrt aussehen. In einfachen Worten versucht er, ihr den Aberglauben auszureden und erklärt, Gott sei überall. Doch sie scheint ihn nicht zu verstehen.

22. ab S. 122, Z. 10: *Haukes Krankheit*
Nach Neujahr erkrankt der Deichgraf an einem Marschfieber. Seine Frau pflegt ihn. Auch er überlebt knapp. Nach einem Sturm besichtigt er die Schäden am Deich und bemerkt einen Riss dort, wo der alte Deich in den neuen übergeht. Besorgt beruft er die Gevollmächtigten zusammen. Diese fürchten hohe Kosten und wollen eine notdürftige, oberflächliche Reparatur. Ohne sich der Gefahr bewusst zu sein, beschwichtigen sie Hauke. Der reitet daraufhin am nächsten Tag noch einmal an die Stelle und schätzt bei Tageslicht den Schaden geringer ein als in der Nacht zuvor. Noch geschwächt von der schweren Krankheit, fühlt er sich einem neuerlichen Konflikt nicht gewachsen und nimmt widerstrebend Oles Rat an. Obwohl er versucht, sich zu beruhigen, quälen ihn Gewissensbisse.

Rahmenhandlung
S. 129, Z. 1–4:
Der Schulmeister erwähnt, dass sich die folgenden Ereignisse im Jahr 1756 zugetragen haben.

Binnenhandlung
ab S. 129, Z. 5: *Trien' Jans' Tod*
Ende September stirbt die mittlerweile fast 90-jährige Trien' Jans. Ihre letzten Worte beunruhigen Hauke. Sie spricht von Wasser und schreit um Hilfe. Bald nach ihrer Beerdigung machen Schauergeschichten die Runde, von denen Elke und Hauke nichts wissen wollen. Man spricht von einem drohenden Unheil.
23. ab S. 132, Z. 6: *Die große Sturmflut*
Im Oktober, kurz vor Allerheiligen, kommt ein schwerer Sturm auf. Hauke trifft frühzeitig Vorsichtsmaßnahmen, er

lässt Vordämme errichten und teilt Wachen ein. Als er das Ausmaß des Unwetters erkennt, lässt Hauke Frau und Kind im sicheren Haus zurück und reitet auf seinem Schimmel zum Deich. Dort sieht er, dass die Arbeiter sich seinen Anordnungen widersetzt haben. Niemand hält an der Stelle Wache, wo Hauke sie eingeteilt hatte. Stattdessen befolgen sie eine Anweisung von Ole Peters, der ohne Haukes Wissen den Befehl gegeben hat, den neuen Deich zu durchstechen und den neuen Koog zu überfluten, damit der alte Deich nicht bricht. Während des Streits bricht der alte Deich. Im Getöse beschuldigt eine Stimme Hauke. Der erkennt seine Schuld darin, dass er den alten Deich auf Oles Drängen hin nicht vollständig ausgebessert hat. Während die Fluten hereinbrechen und die Dorfbewohner sich und ihr Vieh auf der Geest in Sicherheit bringen, kommt Elke mit Wienke und dem kleinen Hund in einem Wagen zu Hauke gefahren. Er versucht, sie zu warnen, doch der Sturm übertönt seine Stimme. Elke und das Kind ertrinken in den Wassermassen. Hauke stürzt sich mit den Worten „Herr Gott, nimm mich; verschon die andern!" mit seinem Schimmel in die Fluten.

Rahmenhandlung

24. ab S. 144, Z. 3:

Der Schulmeister fasst den Schluss zusammen. Man erzähle sich, dass nach der Flut wieder das Gerippe auf der Hallig zu sehen gewesen sei. Die Gevollmächtigten kehren von ihrem Kontrollgang zurück und gehen nach Hause. Am anderen Ufer ist der Deich gebrochen. Der Reisende verabschiedet sich und reitet am nächsten Morgen über den Hauke-Haien-Deich, der immer noch steht, in die Stadt.

2.3 Aufbau

zweifache Rahmung

Der Aufbau der Novelle ist komplex. Storm bedient sich einer zweifachen Rahmung, wobei der äußere Rahmen nicht geschlossen wird und eher einem Vorwort des Autors nahe kommt. Außerdem lässt er drei verschiedene Erzähler sprechen.

Zunächst berichtet im Außenrahmen ein Erzähler in der Ich-Form, wie er im Haus seiner Urgroßmutter vor ungefähr fünfzig Jahren eine Geschichte in einer Zeitschrift las, die er seither nicht vergessen konnte. Durch den Hinweis auf die „Frau Senator Feddersen", die Storms Urgroßmutter mütterlicherseits war, wird deutlich, dass es sich um den Autor selbst handelt. Die Einschränkung, er könne nicht für den Wahrheitsgehalt des Berichteten garantieren, suggeriert geschickt, dass es sich dabei um eine wahre Begebenheit handelt. Gerade die Einschränkung verleiht dem Erzähler als kritischem Mann Autorität und der Geschichte damit Glaubwürdigkeit.

Als Nächstes berichtet der damalige Erzähler, ebenfalls in der Ich-Form, im zweiten Rahmen von seiner Begegnung mit dem unheimlichen Reiter und den Personen im Gasthaus. Die geografische Umgebung, in der auch die Binnenhandlung angesiedelt ist, wird ausführlich vorgestellt, auch die gefährliche Macht, die von der Natur ausgeht, wird evident.

Da Storm die Novelle im Jahr 1888 beendete, muss es sich in der Erzählung, die er „vor reichlich einem halben Jahrhundert" (S. 3, Z. 1 f.) las, um die dreißiger Jahre des 19. Jahrhunderts handeln. „Es war im dritten Jahrzehnt unseres Jahrhunderts" (S. 3, Z. 21), beginnt dann auch der Reisende seinen Bericht.

Der Grundkonflikt der Novelle, das Verhältnis von Naturwissenschaft, Religion und Aberglaube, wird schon im inneren Rahmen angelegt. Die Personen der Rahmenhandlung verkörpern diesbezüglich verschiedene Standpunkte.

Grundkonflikt: Verhältnis von Naturwissenschaft, Religion und Aberglaube

Der Deichgraf empfiehlt den Schulmeister als Erzähler, obwohl dieser die Geschichte „freilich nur in seiner Weise und nicht so richtig, wie zu Haus meine alte Wirtschafterin Antje Vollmers es beschaffen würde" (S. 8, Z. 9 ff.), erzählen könne. Diese wiederum bezeichnet der Schulmeister als „dummen Drachen" (S. 8, Z. 14). Der Deichgraf erwidert mehrdeutig: „Bei den Drachen sollen derlei Geschichten am besten in Verwahrung sein" (S. 8, Z. 17 f.) und macht damit deutlich, dass er selbst um den märchenhaften Charakter der Erzählung weiß. Nichtsdestotrotz glaubt er an die Erscheinung des Schimmelreiters. Er fürchtet sie sogar, wie in der zweiten Unterbrechung deutlich wird, als er den Schulmeister bittet, in seiner Erzählung innezuhalten, weil er glaubt, den Schimmelreiter am Fenster zu sehen. Auch die übrigen Gäste des Wirtshauses nehmen die Erscheinung wahr und sogar dem Reisenden „war es, als hätte ich den hageren Reiter auf seinem Schimmel vorbeisausen gesehen" (S. 17, Z. 3 f.). Inwieweit hier die Wetterverhältnisse, die durch die spannende Erzählung erzeugte unheimliche Stimmung und der Gruppendruck eine Rolle spielen, sei dahingestellt. Der Deichgraf jedenfalls ist überzeugt, dass der Geist umgeht, um vor drohenden Deichbrüchen und Überschwemmungen zu warnen. Er bezeichnet den Gelehrten in abfälligem Tonfall als „immer noch ein wenig hochmütig" (S. 8, Z. 23) und einen von „den Aufklärern" (S. 145, Z. 27).

Der Schulmeister, ein „kleiner hagerer Mann" (S. 7, Z. 34) mit wachen Augen, der abseits der Gesellschaft sitzt, ohne an der Unterhaltung teilzunehmen, lächelt „überlegen" (S. 8,

Z. 20). Der studierte Theologe warnt, es sei „viel Aberglaube dazwischen, und eine Kunst, es ohne diesen zu erzählen" (S. 8, Z. 33 ff.), bevor er mit der Lebensgeschichte Hauke Haiens beginnt. Der Reisende bittet ihn, den Aberglauben nicht auszulassen. „Traut mir nur zu, dass ich schon selbst die Spreu vom Weizen sondern werde!" (S. 9, Z. 2 f.) Er ist unvoreingenommen und ergreift bis zum Schluss nicht Partei für die eine oder andere Seite. Wie der Leser steht er der Geschichte vom Schimmelreiter unbedarft gegenüber. Goethe definierte die Erzählform der Novelle als „eine sich ereignete unerhörte Begebenheit", was sowohl auf den Realitätsanspruch, als auch auf den fantastischen Charakter einiger beinhalteter Elemente hinweist.

Die Erzählung des Schulmeisters wirkt durch ihre Detailgenauigkeit, den häufigen Einsatz wörtlicher Rede und die Innensicht nicht wie eine mündliche Überlieferung. Er scheint sowohl den Wortlaut der Gespräche der handelnden Personen zu kennen, als auch deren Gefühle.

Er datiert die Ereignisse auf die Mitte des vorigen Jahrhunderts, also die Zeit um 1750.

Sturmflut von 1756: Eindruck einer wahren Begebenheit

Diese genaue zeitliche Einordnung und die Vermischung mit realen, belegten Ereignissen dieser Jahre wie beispielsweise der Sturmflut von 1756 verstärken den Eindruck einer wahren Begebenheit. Auch der Vergleich Haukes mit der historischen Person Hans Mommsen (bei Storm mit zwei „m", d. i. Hans Momsen aus Fahretoft, vgl. dazu Site der Theodor-Storm-Gesellschaft: http://www.storm-gesellschaft.de/Schimmelreiter/html/index.htm, Button „Quellen") trägt dazu bei.

Die Lebensgeschichte der Hauptfigur wird chronologisch erzählt und über mehrere Jahre verfolgt. Diese Konzentration

auf das zentrale Thema und die straffe, einsträngige Handlung sind typisch für eine Novelle. Die Binnenhandlung weist jedoch auch Elemente eines Entwicklungsromans auf, indem sie nicht nur einen Lebensabschnitt herausstellt, sondern beinahe die komplette Biografie ihrer Hauptfigur schildert.
Wie in einem Roman gibt es detaillierte Schilderungen des Hintergrundes, gesellschaftlicher Ereignisse und epischer Landschaftsdarstellungen, die zur Herausarbeitung des Konflikts zwischen dem Individuum und seinem Umfeld notwendig sind.
Die Zeitspanne, die die Novelle umfasst, lässt sich rekonstruieren anhand der zahlreichen Zeitangaben, die sich hauptsächlich auf Jahreszeiten, christliche Feiertage und wiederkehrende Naturereignisse sowie Altersangaben der Personen beziehen. Die Erzählung setzt vermutlich Ende der 20er Jahre des 18. Jahrhunderts ein und endet mit der Sturmflut im Oktober 1756. Das erste belegte Datum ist das Frühjahr 1737, als Hauke seinen Dienst beim Deichgrafen antritt. Hauke Haien muss demnach um 1718 geboren sein.
Die Verzahnung mit der Rahmenhandlung bildet die Zäsuren der Binnenhandlung, wobei mit jeder Zäsur ein Lebensabschnitt der Hauptfigur endet.

auktoriales Erzählverhalten des Schulmeisters

Das auktoriale Erzählverhalten des Schulmeisters und der Wechsel der Erzähler erfüllt zwei Funktionen: Es schafft eine kritische Distanz zum Stoff und dient der Objektivierung der einzelnen subjektiven Berichte. Denn die Unterbrechungen durch die Rahmenhandlung geben nicht nur das Geschehen am Erzählort wieder, sondern ergänzen die Binnenhandlung durch kritische und zeitbezogene Aspekte sowie wertende Kommentare. Die Grenzen zwischen Realität und Fiktion, zwischen historischer Darstellung und übernatürlichen Phänomenen, auch zwischen Erzählung und Rahmen verschwimmen. Die doppelte Rahmung erzeugt eine Erwartungshaltung beim Leser; die Einschübe der Rahmenhandlung erhöhen als retadierende Momente die Spannung der Binnenhandlung. Dies ist eine beliebte Technik der Novelle.

Die Binnenhandlung wird von der ersten Unterbrechung an in fünf Abschnitte gegliedert. Ihr Aufbau gleicht so auch dem Fünf-Akt-Schema eines klassischen Dramas von der Exposition, dem Aufstieg, dem Wendepunkt, dem Abstieg bis zur Schlusskatastrophe. In diesem Zusammenhang ist auch Storms Einschätzung von 1881 interessant, die Novelle sei die „Schwester des Dramas".

24 Abschnitte

Der Handlungsstrang der Kernnovelle orientiert sich an der Hauptfigur. Die Novelle ist in 24 Abschnitte unterteilt. Die Abschnitte 3 bis 12 schildern den Aufstieg Haukes vom hoch begabten Bauernsohn zum Deichgrafen, die Abschnitte 13 bis 23 den Abstieg bis zur Sturmflut. Bis zu diesem Wendepunkt erscheint die Gestalt des Schimmelreiters nur in der Rahmenhandlung. Nach der vierten Unterbrechung tauscht Hauke in der Binnenhandlung seinen Wallach gegen den Schimmel. Die übernatürliche Erscheinung tritt zum ersten Mal und von da an ausschließlich in der Binnenhandlung auf. So verknüpft die Titelfigur selbst die beiden Zeitebenen. Im Bericht des Reisenden erscheint der Schimmelreiter als Gespenst, in der Binnenhandlung als reale Person Hauke Haien. So fordert Storm den Leser auf, sich mit der Frage auseinander zu setzen, wie und warum der Glaube an Spukgestalten entsteht.

In dieser vierten Unterbrechung warnt der Schulmeister auch,

„dass ich das bisher Berichtete [...] aus den Überlieferungen verständiger Leute [...] zusammengefunden habe; was ich [...] Ihnen jetzt vorzutragen habe, das war derzeit und ist auch jetzt noch das Geschwätz des ganzen Marschdorfes, sobald nur um Allerheiligen die Spinnräder an zu schnurren fangen." (S. 74, Z. 27–S. 75, Z. 3)
„Spinnereien" also.

Die Ereignisse in der Kernnovelle folgen nach dieser Ankündigung schnell aufeinander, die Vorzeichen verdichten sich. Das Geschehen läuft auf den dramatischen Höhepunkt zu. Diese Zuspitzung auf den Höhe- und Wendepunkt ist ein charakteristisches Merkmal novellistischen Erzählens.

mehrfache Unterbrechung der Binnenerzählung

Durch die mehrfache Unterbrechung der Binnenerzählung wird dem Leser verdeutlicht, wie der technische Fortschritt die Marschen tatsächlich gesichert hat. Gleich zu Beginn der Rahmenhandlung berichtet der Deichgraf, auf dieser Seite sei die Gefahr gebannt, „nur drüben an der anderen Seite ist's nicht sicher; die Deiche sind dort meist noch mehr nach altem Muster; unser Hauptdeich ist schon im vorigen Jahrhundert umgelegt." (S. 7, Z. 7 ff.) Bereits in der dritten Unterbrechung erfährt der Reisende – und mit ihm der Leser –, dass der Koog noch immer Hauke-Haien-Koog heißt. Haukes kühne Idee konnte sich also schließlich doch durchsetzen. Der Erfolg gibt ihm Recht, sein Versagen liegt auf einer anderen Ebene.
Der Aberglaube, der sich bis heute gehalten hat, soll zu Haukes Lebzeiten entstanden sein. Nach dem Tod Haukes und seiner Familie soll das Pferdegerippe wieder bei Mondschein zu sehen gewesen sein. Mit der Bemerkung „das ganze Dorf will es gesehen haben" (S. 144, Z. 14 f.) verdeutlicht

der Schulmeister, wie „die Begier, Unheimliches zu schauen" (S. 76, Z. 17) die Wahrnehmung beeinflusst.
Er selbst bleibt rational: Er sei sicher, dass der Deichgraf und seine Familie in der Flut ertrunken seien, darum finde man kein Grab auf dem Friedhof. Sie wurden ins Meer getrieben und „in ihre Urbestandteile aufgelöst" (S. 144, Z. 21). „So haben sie Ruhe vor den Menschen gehabt" (S. 144, Z. 21 f.), urteilt er.

> *„Denn so ist es, Herr: dem Sokrates gaben sie ein Gift zu trinken und unseren Herrn Christus schlugen sie an das Kreuz! Das geht in den letzten Zeiten nicht mehr so leicht; aber – […] einen tüchtigen Kerl, nur weil er uns um Kopfeslänge überwachsen war, zum Spuk und Nachtgespenst zu machen – das geht noch alle Tage."* (S. 144, Z. 30–S. 145, Z. 5)

Durch diese Vergleiche rückt Storm weniger die Schuld seiner Hauptfigur in den Mittelpunkt, sondern betont vielmehr deren geistige Überlegenheit und mutigen Innovationsgeist.
Auf dem Weg hinunter trifft der Reisende den Deichgrafen, der erklärt, „unser Schulmeister hat Ihnen wohl schön was weisgemacht" (S. 145, Z. 25 f.). Doch der Reisende erwidert: „Er scheint ein verständiger Mann!" (S. 145, Z. 28) Die Voraussage des Deichgrafen hat sich jedoch erfüllt: Der Deich am gegenüberliegenden Ufer ist gebrochen, während der Schulmeister seine Geschichte erzählte. Der innere Rahmen schließt sich, wenn der Reisende „beim goldensten Sonnenlichte" (S. 146, 1 f.) über den Hauke-Haien-Deich zur Stadt reitet, denn „der Hauke-Haien-Deich steht noch jetzt nach hundert Jahren" (S. 144, Z. 22 ff.).

2.4 Personenkonstellation und Charakteristiken

Hauke Haien

„Es gibt auf Erden allerlei Dinge, die ein ehrlich Christenherz verwirren können; aber der Hauke war weder ein Narr noch ein Dummkopf" (S. 16., Z. 26 ff.), urteilt der Schulmeister über die Hauptfigur der Novelle.

Hauke wächst ohne Mutter auf. Als Kind liest er viel und sieht seinem Vater bei der Arbeit zu. Sein Interesse an Mathematik und seine außergewöhnliche Begabung werden früh sichtbar. Er ist wissbegierig und ehrgeizig. In nur einem Winter lernt er mit Hilfe zweier Bücher Holländisch und Mathematik. Dafür hat er „weder für Kühe noch Schafe Sinn" (S. 11, Z. 1 f.). Selbst als sein Vater ihn zur Arbeit auf den Deich schickt, trägt er das Mathematikbuch bei sich und liest in den Pausen. Nebenbei schafft er es, mehr Erde zu karren als seine Kollegen.

wissbegierig und ehrgeizig

Seine Kindheit verbringt Hauke „so für sich, und am liebsten nur mit Wind und Wasser und mit den Bildern der Einsamkeit" (S. 17, Z. 16 f.). Er ist ein Einzelgänger; „mit denen zu verkehren, die mit ihm auf der Schulbank gesessen hatten, fiel ihm nicht ein; auch schien es, als ob ihnen an dem Träumer nichts gelegen sei." (S. 14, Z. 10–13) Er ist nachdenklich, ein Junge „von wenig Worten" (S. 10, Z. 14). Stunden verbringt er allein am Meer und beobachtet die Gesetzmäßigkeit, mit der die Wellen den Deich auswaschen. Schon bald kommt ihm die Erkenntnis, dass ein sanft abfallender Deich den Fluten besser trotzen könne. Als er seinem Vater in selbstsicherem Tonfall mitteilt, „unsere Deiche sind nichts wert" (S. 12, Z. 21 f.), lacht der ihn aus, doch Hauke bleibt unbeirrbar. Als der Vater ironisch vorschlägt, er könne ja Deichgraf werden, erwidert der Junge nur ruhig „Ja,

Hauke ist hartnäckig und beweist viel Ausdauer

Vater!" (S. 13, Z. 10) Er ist hartnäckig und beweist viel Ausdauer. Seine Arbeitsweise ist empirisch; nach monatelangen Beobachtungen des Meeres fertigt er Modelle des Deiches und Profilzeichnungen an.

Hauke ist wie sein Vater ein Rationalist und sucht nach natürlichen Erklärungen für unheimliche Phänomene. Als er im Nebel merkwürdige Gestalten im Watt sieht, fragt er sich zwar zunächst, ob es sich bei den Erscheinungen um Geister der Ertrunkenen handelt, verhält sich aber mutig.

Ein neuer Charakterzug Haukes tritt in der Episode mit Trien' Jans Kater hervor: Zunächst scheint es so, als herrsche ein stilles Verständnis zwischen Hauke und dem weißen Angorakater; „die beiden wussten, was sie miteinander hatten." (S. 17, Z. 30 f.) Aber Hauke verhält sich, als erwarte er von dem Tier menschliche Reaktionen. „Wollen sehen, wer's von uns beiden am längsten aushält!" (S. 19, Z. 7 f.), schreit er den Kater an. Als dieser ihn kratzt, wird Hauke jähzornig und würgt ihn. „Ein Grimm, wie gleichfalls eines Raubtiers, flog dem jungen Menschen ins Blut; er griff wie rasend um sich." (S. 18, Z. 35–S. 19, Z. 2)

Selbstkritisch erkennt er nach dem Vorfall: „Man wird grimmig in sich, wenn man's nicht an einem ordentlichen Stück Arbeit auslassen kann", und ist sofort mit seinem Vater einer Meinung, als dieser vorschlägt, er solle sich einen Dienst suchen (S. 23, Z. 9 ff.).

Hauke betrachtet die Natur nur funktional, reduziert sie auf den Nutzen, die sie für ihn haben kann. Er tötet Vögel zum Zeitvertreib und sogar den Kater will er „als apportierenden Jagdhund dressieren" (S. 18, Z. 11). Das Meer sieht er als seinen größten Herausforderer. Er gibt nichts auf das abergläubische Geschwätz der Dorfbewohner, sondern sieht den

Aberglauben ebenso als Gegner wie die Natur. Er tötet sogar den Hexenkater der „alten Hexe" (S. 130, Z. 15) Trien' Jans. Hauke ist im Dorf als gewissenhaft und zuverlässig bekannt. „Der sitzt lieber vor der Rechentafel, als vor einem Glas mit Branntwein." (S. 27, Z. 31 f.)
In der Anstellung erregt Hauke schnell den Neid des Großknechts Ole Peters. Wie zuvor bei der Deicharbeit lässt sich Hauke nicht unterkriegen, sondern fasst „nach Kräften an und brachte es, wenn auch mit Mühsal, doch zu Ende." (S. 29, Z. 29 f.)

Autodidakt

Hauke ist ein Autodidakt: „Sein Wissen hatte er sich, wenn auch von Kindesbeinen an, nur selber ausgesonnen." (S. 9, Z. 12 ff.) „Die Welt, oder was ihm die Welt bedeutete, wurde ihm klarer" (S. 29, Z. 8 ff.), während seiner Dienstzeit als Kleinknecht des Deichgrafen „vielleicht umso mehr, je weniger ihm eine überlegene Einsicht zu Hülfe kam, und je mehr er auf seine eigene Kraft angewiesen war, mit der er sich von jeher beholfen hatte." (S. 29, Z. 11–14)
Haukes „scharfe Augen" (S. 34, Z. 15) sehen Dinge, die „der Deichgraf doch wohl selber sehen sollte" (S. 36, Z. 17 f.), und er weist diesen hartnäckig immer wieder darauf hin. Mit diesem Eifer macht er sich bei einem Teil der Dorfbewohner unbeliebt, andere bedauern, dass Hauke nicht über den notwendigen finanziellen Hintergrund verfügt, „das gäbe später sonst einmal wieder einen Deichgrafen, wie vordem sie da gewesen sind." (S. 35, Z. 2 f.)
Schon optisch ist die „lange Friesengestalt mit den klugen grauen Augen neben der hageren Nase und den zwei Schädelwölbungen darüber" (S. 63, Z. 6 ff.) das Gegenteil seines Vorgängers.

In Elke, der Tochter des Deichgrafen, findet Hauke eine Vertraute, denn „sie waren beide geborene Rechner" (S. 30, Z. 2). Er beobachtet das Mädchen genau; im Umgang mit ihm ist er jedoch schüchtern. Als sich eine Gelegenheit bietet, es näher kennen zu lernen, fällt ihm kein Gesprächsthema ein. Als Elke sagt, er habe sie mit seinem Talent ausgestochen, erwidert er „zaghaft": „ich hab das nicht gewollt, dich am mindsten" (S 36, Z. 19 ff.) und lässt sich von Elke die Hand darauf geben, dass sie sich nicht zurückgesetzt fühlt.

Hauke besitzt einen trockenen Humor: Als einer der Mitbewerber um die Aufnahme in die Dorfmannschaft meint, Haukes Großknecht Ole werde ihn schon „herauskreteln", brummt Hauke: „Ja, heraus! [...] Nur nicht hinein!" (S. 39, Z. 8 ff.)

der intelligente, ehrgeizige junge Mann

Unter der Dorfjugend genießt der intelligente, ehrgeizige junge Mann hohes Ansehen. Mit den Worten „Hier kannst du lernen, wie hoch sie dich taxieren" (S. 38, Z. 33 f.), versucht ihn einer der Kandidaten zu überreden, an der Tür zu lauschen, als die Wahl entschieden wird. Doch Hauke weigert sich. „Sie haben uns nicht ausgesperrt, damit wir's hören sollen!" (S. 39, Z. 1 f.) Auch sonst ist er seinen Prinzipien treu. Den Alkohol, den Trien' Jans ihm beim Eisboseln anbietet, lehnt er mit den Worten „ich trink das nicht" ab (S. 43, Z. 18).

Ihr Versöhnungsangebot nimmt er dennoch an.

Elkes emotionalen Rückhalt weiß er von Anfang an zu schätzen. Als Elke für ihn Partei ergreift, „flog es wie eine Stahlkraft in Haukes Arm" (S. 45, Z. 4) und er gewinnt das Spiel. Für einen Augenblick steht er im Mittelpunkt und wird gefeiert. Der Rummel um seine Person ist ihm eher unangenehm. Im Gedränge greift er nach Elkes Hand, und erst als sie seinen Händedruck erwidert, sagt er: „Ihr mögt schon Recht haben; ich glaube auch, ich hab gewonnen!" (S. 45, Z. 21 f.)

kein geselliger Typ

Hauke ist kein Menschenfreund und kein geselliger Typ, wie die Feier nach dem Wettkampf bestätigt. „Schweigend stellte er sich an den Türpfosten und blickte in das unruhige Gewimmel; die Menschen kamen ihm wie Narren vor." (S. 46, Z. 21 f.) Er tanzt nicht und bleibt von den anderen Gästen „unbeachtet" (S. 46, Z. 18). „Hauke war kein Held den Frauen gegenüber." (S. 46, Z. 9 f.) Schon lange vor der Hochzeit ist er Elke treu. „Seine Augen suchten nur die Eine" (S. 46, Z. 28) inmitten all der anderen „Dirnen aus Marsch und Geest, die ihn nicht kümmerten." (S. 46, Z. 31 f.) Als Elke ihn zum Tanz auffordert, lehnt er ab: „Ich verstehe das nicht gut genug; sie könnten über dich lachen" (S. 48, Z. 2 f.). Er ist nervös, verhaspelt sich und „sah sie nur aus seinen grauen Augen herzlich an, als ob er's ihnen überlassen müsse, das Übrige zu sagen." (S. 48, Z. 4 ff.)

Wie selbstverständlich macht er die Arbeit von Elkes altem Vater mit, auch nachdem er seine Anstellung bei ihm aufgegeben hat (S. 54).

Er fühlt sich früh verantwortlich für die Deichangelegenheiten, lange bevor sie wirklich zu seiner Aufgabe werden.

> *„Seit den letzten Worten seines Vaters war in ihm etwas aufgewachsen, dessen Keim er schon seit seiner Knabenzeit in sich getragen hatte; er wiederholte es sich mehr als zu oft, er sei der rechte Mann, wenn's einen neuen Deichgrafen geben müsse."* (S. 56, Z. 23–28)

Mit der Abneigung der Dorfbewohner wächst auch Haukes Ehrgeiz ins Krankhafte und droht, ihn innerlich zu zerfressen. Das Misstrauen und der Wettbewerb mit Ole Peters lassen ihn noch vor dem eigentlichen Beginn seiner Karriere beinahe paranoid werden:

> *„Eine Reihe von Gesichtern ging vor seinem innern Blick vorüber, und sie sahen ihn alle mit bösen Augen an; da fasste ihn ein Groll gegen diese Menschen, er streckte die Arme aus, als griffe er nach ihnen; denn sie wollten ihn vom Amte drängen, zu dem von allen nur er berufen war. – [...] Und so wuchsen in seinem jungen Herzen neben der Ehrenhaftigkeit und Liebe auch die Ehrsucht und der Hass. Aber diese beiden verschloss er tief in seinem Innern."* (S. 57, Z. 13–22)

Die Gier nach dem Amt, die ihn tief ergriffen hat, lässt ihn unsensibel werden. Als Elke ihn auf seinen Heiratsantrag hin um etwas Zeit bittet, erwidert er, er könne warten, „wenn's nur ein menschlich Absehn hat" (S. 58, Z. 26), obwohl er weiß, dass er vom nahen Tod ihres Vaters spricht.
Der strebsame junge Aufsteiger ist „kaum vierundzwanzig" (S. 63, Z. 13), als er auf Tede Volkerts' Beerdigung zum neuen Deichgrafen ernannt wird. Kaum im Amt, geht er tatkräftig daran, die Versäumnisse seines Vorgängers aufzuarbeiten und „fegte mit einem scharfen Besen" (S. 66, Z. 15 f.). Die Dorfbewohner sind nicht begeistert über die viele Arbeit, die auf sie zukommt: „Das kommt von eurem klugen Deichgrafen [...], der immer grübeln geht und seine Finger dann in alles steckt!" (S. 67, Z. 5 ff.) Hauke reagiert darauf mit Wut. „Seine Augen sahen grimm zur Seite, als wolle er sie peitschen lassen." (S. 67, Z. 27 f.) Die Zweifel an seiner Kompetenz bauen in ihm einen enormen Leistungsdruck auf.

Pflichtbewusstsein wird zur Verbissenheit

Sein Pflichtbewusstsein wird zur Verbissenheit. Mit dem neuen Deichbau will er es allen beweisen: „Sieben Jahr im Amt; sie sollen nicht mehr sagen, dass ich nur Deichgraf bin von meines Weibes wegen!" (S. 68, Z. 33 ff.) „Du sollst mich wenigstens nicht umsonst zum Deichgrafen gemacht haben, Elke; ich will ihnen zeigen , dass ich einer bin!" (S. 72, Z. 21 ff.) Oles Spott muss Hauke schwer getroffen haben, da er sich so rechtfertigt. Auch ihm gegenüber offenbart er seine Motivation: „Das ungewaschene Wort, das dir im Krug vom Mund gefahren, ich sei nur Deichgraf meines Weibes wegen, das hat mich aufgerüttelt, und ich hab euch zeigen wollen, dass ich wohl um meiner selbst willen Deichgraf sein könne". (S. 94, Z. 12–16)
„Mit gewissenhaftem Fleiß" (S. 93, Z. 14) nimmt er sich der selbstgestellten Aufgabe an und widmet sich zusätzlich zu seinen täglichen Aufgaben oft bis „weit nach Mitternacht" (S. 73, Z. 2 f.) seinem Projekt. Zusammen mit einem Feldmesser fertigt er Berechnungen, Zeichnungen und Risse an. Probleme macht er mit sich selbst aus. Er untertreibt, wenn seine Frau ihn auf seine Erschöpfung anspricht. Die Beziehung zu Elke muss hinter der Arbeit zurückstehen. Selbst nachts lassen ihn die Gedanken an den neuen Deich nicht los. Der Schlaf ist ihm oft „nur beim ersten Hahnenkraht zu Willen" (S. 73, Z. 12). Die wissenschaftlichen Arbeitsmethoden, die ihm schon seit seiner Kindheit bekannt sind, verfeinert er weiter. Er misst „mit Lot und Stange die Tiefen der Ströme" (S. 73, Z. 20). Hauke ist ein Perfektionist und möchte ganz sicher sein, bevor er den Antrag stellt. Er geht völlig in seiner Arbeit auf und hat kaum noch Zeit für soziale Kontakte und für seine Frau, die dennoch seine wichtigste Stütze bleibt.

ein Perfektionist

„Hart wird's hergehen; aber dazu, denk ich, hat der Herrgott uns zusammengebracht!" (S. 82, Z. 25 ff.) Treue ist für ihn eine Selbstverständlichkeit. „Du bist mein Weib und ich dein Mann, Elke! Und anders wird es nun nicht mehr." (S. 83, Z. 9 ff.) In der Familie findet Hauke Geborgenheit. Bei der Geburt seiner Tochter ergreift ihn eine „unbändige Freude" (S. 98, Z. 5), die einer panischen Angst um seine Frau weicht, als Elke in ein Fieber fällt.
Hauke vertraut im Kampf gegen die feindlichen Gewalten der Natur auf die Wissenschaft und die Fähigkeiten des Menschen, doch der Rationalist weiß durchaus um die Grenzen seines Einflussbereichs. Wie er zuvor seine Frau, die über die Kinderlosigkeit der Ehe klagte, getröstet hatte mit den Worten „Das überlassen wir dem Herrgott" (S. 83, Z. 2 f.), vertraut er auch jetzt auf Gott mehr als auf den Arzt aus der Stadt. Während er an Elkes Bett wacht, „schränkte er die Hände zusammen; er wusste selber nicht, war es aus Andacht oder war es nur, um in der ungeheueren Angst sich selbst nicht zu verlieren." (S. 93,Z. 15 ff.) Erst in größter Verzweiflung „krampfte er die Hände ineinander" (S. 98, Z. 30 f.) und fleht um ihr Leben. „Ich weiß ja wohl, du kannst nicht allezeit wie du willst, auch du nicht; du bist allweise; du musst nach deiner Weisheit tun" (S. 98, Z. 34–S. 99, Z. 1). „Er hatte sich sein eigen Christentum zurechtgerechnet" (S. 98, 10 f.). Die Hebamme, die mithört, ist entsetzt über sein Gebet: „Damit betet ihr keinen vom Tode los!" (S. 99, Z. 13)
Hauke ist tolerant. Er akzeptiert, dass die Hausangestellten sich wie viele andere Dorfbewohner einer Sekte anschließen. „Er hatte gemeint, in Glaubenssachen solle man keinem dreinreden: das schade niemandem, und besser dort doch als im Schnapskrug!" (S. 99, Z. 32 ff.) Ihm selbst

allerdings wird keine Toleranz entgegengebracht. „Über ihn schwieg man nicht; seine Gebetsworte liefen um von Haus zu Haus" (S. 100, Z. 1 ff.). Da er die Allmacht Gottes geleugnet hat, gilt er bald als Gottesleugner, denn „was war ein Gott denn ohne Allmacht?" (ebd.) Auch „die Sache mit dem Teufelspferde" (ebd.) wird unter diesen Umständen von mehr und mehr Leuten geglaubt. Völlig ausgefüllt von der Sorge um Elke bekommt Hauke die Gerüchte nicht mit. „Von dem unheimlichen Glanze [...], mit dem sein früherer Dienstjunge den Schimmelreiter bekleidet hatte, wusste er selber nichts." (S. 97, Z. 7 ff.)

ein sehr gläubiger Mann

In Wahrheit ist der als Ketzer verschriene Hauke ein sehr gläubiger Mann. Schon als Kind schreit er in die tosenden Meereswogen: „Ihr könnt nichts Rechtes [...] so wie die Menschen auch nichts können!" (S. 13, Z. 27 f.) Doch seine demütige Auffassung wird im Dorf missverstanden. Man sagt ihm gar einen Bund mit dem Teufel nach. In einen direkten Konflikt gerät er, als die Arbeiter einen kleinen Hund mit verdämmen wollen. „Soll Euer Deich sich halten, so muss was Lebiges hinein" (S. 106, Z. 30 f.), sind sich die Bauarbeiter einig. Als Hauke fragt: „Aus welchem Katechismus hast du das gelernt?" (ebd.), erwidert einer von ihnen: „das haben unsere Großväter schon gewusst, die sich mit Euch im Christentum wohl messen durften!" (S. 106, Z. 35–S. 107, Z. 2)
Als es zum Streit mit Ole Peters kommt, bleibt Hauke zunächst ruhig und versucht, die Sache richtig zu stellen. Er erklärt sich sogar bereit, mehr Arbeit zu übernehmen als alle anderen, um sein Projekt nicht zu gefährden (S. 94).
Als Baustellenvorstand ist er streng und „seine Augen waren scharf, wo liederliche Hände den Spaten geführt hatten." (S. 95, Z. 34 f.) Auf seinem Schimmel reitet er an der Bau-

stelle entlang, kontrolliert gebieterisch die Arbeit und macht „rasch und trocken seine Anordnungen." (S. 95, Z. 21 f.) Mit der Begründung, „Um deine Faulheit darf uns nicht der Deich verderben!" (S. 95, Z. 25 f.), weist er „einen Faulen oder Ungeschickten ohn Erbarmen aus der Arbeit" (ebd.). Er kann nicht verstehen, dass am Bau fast alle gegen ihn sind, „auch diese Knechte und kleinen Leute, von denen vielen durch meinen neuen Deich doch eine Wohlhabenheit ins Haus wächst" (S. 97, Z. 2 ff.). Er fühlt sich ihnen allen überlegen. Bei der Fertigstellung des Deiches empfindet er tiefe Zufriedenheit. „Noch eine Genugtuung empfing der Deichgraf eines Tages, da er in stillem, selbstbewussten Sinnen auf dem neuen Deiche entlangritt" (S. 109, Z. 23 ff.) und hört, dass der neue Koog, der offiziell nach einer dänischen Prinzessin „Carolinenkoog" heißt, von zwei Arbeitern „Hauke-Haien-Koog" genannt wird. „Hauke aber war es, als höre er seinen Ruhm verkünden" (S. 110, Z. 10 f.). Er wird beinahe größenwahnsinnig.

> *„In seinen Gedanken wuchs fast der neue Deich zu einem achten Weltwunder; in ganz Friesland war nicht seinesgleichen! [...] Ihm war, er stünde inmitten aller Friesen; er überragte sie um Kopfeshöhe, und seine Blicke flogen scharf und mitleidig über sie hin."* (S. 110, Z. 21–26)

Selbstüberschätzung macht ihn unbeliebt

Die Selbstüberschätzung macht ihn unbeliebt und isoliert ihn. „Die alten Freunde waren nicht mehr in der Zeitlichkeit, neue zu erwerben war er nicht geeignet." (S. 111, Z. 10 ff.) Hauke zieht sich immer mehr in die Familie zurück. Er ist ein guter Vater und hat zu seinem Kind ein wesentlich liebevolleres und wärmeres Verhältnis als sein

Vater zu ihm. Die langsame Entwicklung seiner Tochter fällt ihm zunächst nicht auf. Als Elke mit ihm darüber sprechen will, reicht er ihr die Hand „und drückte sie, als ob es zwischen ihnen keines weiteren Wortes bedürfe" (S. 117, Z. 25 f.). Hauke teilt nicht Elkes Ansicht, dass sie nun doch allein geblieben seien, und widerspricht bestimmt: „Ich hab sie lieb, und sie schlägt ihre Ärmchen um mich und drückt sich fest an meine Brust; um alle Schätze wollt ich das nicht missen!" (S. 118, 1 ff.) Auch seine Sicht des Christentums tritt hier wieder zu Tage: Er erzählt Elke, dass er über den Grund für Wienkes Behinderung nachgedacht und „den, der allein es wissen kann" gefragt habe, „aber du weißt ja auch, der Allmächtige gibt den Menschen keine Antwort – vielleicht, weil wir sie nicht begreifen würden." (S. 118, Z. 8 ff.)
Seine Einstellung zu seiner behinderten Tochter ist bemerkenswert: Er versichert Elke: „Lass dich nicht irren, dein Kind, wie du es tust, zu lieben, sei sicher, das versteht es!" (S. 118, Z. 13 ff.)
Er versucht, Wienke in seiner Denkweise zu erziehen. So verbietet er Trien' Jans, seiner Tochter Märchen zu erzählen, und nimmt sie stattdessen mit auf den Deich, wo er ihr die unheimlichen Gestalten zeigt und gleich die natürliche Erklärung dafür mitliefert: „Er strich ihr zärtlich über die Wangen: ‚Sieh nur wieder hin! […] Das sind nur arme hungrige Vögel!'" (S. 121, Z. 22 ff.) Auch seinen Glauben versucht er seiner Tochter in einfachen Worten nahe zu bringen: „Ja, Kind, das alles ist lebig, so wie wir; es gibt nichts anderes; aber der liebe Gott ist überall!" (S. 121, Z. 28 ff.) Beim Tod der alten Trien' Jans erklärt er seiner Tochter, sie sei nun „beim lieben Gott" (S. 130, Z. 7 f.). Doch obwohl er versucht, sich leicht verständlich auszudrücken, scheint die

behinderte Wienke seine Ausführungen gar nicht erfassen zu können.
„Das Kind vernahm wohl nicht den Ton von heftiger Innigkeit in seinen Worten – ‚so, wärm dich bei mir! Du bist doch unser Kind, unser einziges. Du hast uns lieb!...'" (S. 122, Z. 3 ff.) Die Liebe seines Kindes ist für Hauke, der nicht viel menschliche Zuneigung erfährt, unentbehrlich.
Nach Neujahr erkrankt Hauke schwer und nach seiner Genesung „schien er kaum derselbe Mann. Die Mattigkeit des Körpers lag auch auf seinem Geiste" (S. 122, Z. 14 ff.). In dieser Situation physischer und psychischer Schwäche trifft ihn der schlechte Zustand des alten Deiches schwer. „Hauke fühlte sein Herz stillstehen, sein sonst so fester Kopf schwindelte" (S. 124, Z. 14 f.) beim Gedanken daran, den neuen Koog preiszugeben, um zu verhindern, dass der Deich bricht. „Hauke Haien, der sonst alles bei sich selber abgeschlossen hatte, drängte es jetzt, ein Wort von jenen zu erhalten, die er sonst kaum eines Anteils wert gehalten hatte." (S. 125, Z. 5 ff.) Er sucht Rat bei den Gevollmächtigten, die eine gründliche Reparatur ablehnen. „Ihm war, als fehle ihm dagegen noch die alte Kraft" (S. 126, Z. 12 f.), darum nimmt er Ole Peters' schlechten Rat an. Doch sein Gewissen plagt ihn. Er wimmelt Elke, die um ihn besorgt ist, mit der Erklärung ab, am Deich sei etwas zu reparieren: „Du weißt, dass ich das allzeit nachts in mir zu verarbeiten habe." (S. 126, Z. 22 ff.)

Situation physischer und psychischer Schwäche

„Weiter sagte er nichts; er wollte sich die Freiheit seines Handelns vorbehalten; ihm unbewusst war die klare Einsicht und der kräftige Geist seines Weibes ihm in seiner augenblicklichen Schwäche ein Hindernis, dem er unwillkürlich auswich." (ebd.)

Als er sich den Schaden noch einmal ansieht, lässt er sich vom Sonnenlicht täuschen und beruhigt sich. Doch der Gedanke an die schadhafte Stelle lässt ihn nicht los. Immer wieder wandert er ohne Anlass dort vorbei, wobei er versucht, nicht gesehen zu werden. „Mit den Händen hätte er alles wieder aufreißen mögen; denn wie ein Gewissensbiss, der außer ihm Gestalt gewonnen hatte, lag dies Stück des Deichs ihm vor Augen." (S. 128, Z. 5 ff.) Er lässt Elke in dem Glauben, er habe nun mit allen Frieden geschlossen, und verbirgt seine „verworrene Furcht" (S. 128, Z. 25) vor ihr, „um weiteren Fragen des geliebten Weibes auszuweichen." (S. 128, Z 30 f.) Er befindet sich in einem tiefen inneren Konflikt; die Angst verhindert jeden klaren Gedanken. Die Unmöglichkeit, sich jemandem mitzuteilen, versagt ihm eine objektive Sichtweise.

tiefer innerer Konflikt

Die letzten Worte der sterbenden Trien' Jans treffen ihn in diesem Zustand wie eine Bestätigung der eigenen Sorge. „In Haukes Innern aber klang schwer die letzte Rede der Sterbenden." (S. 130, Z. 12 f.) Im Kopf wiederholt er sie und fragt sich, ob die Sterbenden Propheten seien.

Die große Sturmflut betrachtet er zunächst als eine Herausforderung: „Das ist **unser** Kampf!" (S. 134, Z. 17) Er verspricht Elke, bei Sonnenaufgang zurück zu sein und bittet sie, für ihn zu beten. Sie tut es und fügt die Worte hinzu: „O lieber Gott; nur du und ich, wir kennen ihn allein!" (S. 135, Z. 25 f.)

Trotz des Getöses hat Hauke noch einen Blick für die sanfter anprallenden Wogen an seinem Deich, und selbst jetzt ist er noch stolz auf sein Werk: „Der Hauke-Haien-Deich er soll schon halten; er wird es noch nach hundert Jahren tun!" (S. 141, Z. 26 ff.)

Als der Deich bricht und eine Stimme ihm vorwirft, „Euere Schuld, Deichgraf! [...] Nehmt's mit vor Gottes Thron!" (S. 140, Z. 11 ff.), sieht er seine Schuld nicht allein darin, dass er den von Ole veranlassten Durchstich des neuen Deiches verhindert hat, der vielleicht das Dorf hätte retten können. Er erkennt, dass seine Schwäche, die verhinderte, dass er sich gegen Ole Peters durchsetzte und vernünftige Reparaturen verfügte, für die Überschwemmung des Dorfes verantwortlich ist. „Herr Gott, ja ich bekenn es", ruft er, „ich habe meines Amtes schlecht gewartet!" (S. 140, Z. 33 ff.) Doch der Gedanke, Frau und Kind sicher auf der Werfte zu wissen, gibt Hauke auch in dieser Situation noch Trost.

Selbstopferung

Nicht sein Versagen als Deichgraf treibt ihn in den Selbstmord. Erst als seine geliebte Frau und Tochter in den Fluten umkommen, stürzt er sich mit den Worten der alten Trien' Jans in den Bruch: „Herr Gott, nimm mich; verschon die andern!" (S. 143, Z. 23)

Elke Volkerts *Tochter des alten Deichgrafen, später Haukes Frau*
Die Frage seines Vaters weckt Haukes Interesse an Elke.

> *„Er kannte sie freilich, das ranke achtzehnjährige Mädchen mit dem bräunlichen schmalen Antlitz und den dunklen Brauen, die über den trotzigen Augen und der schmalen Nase ineinander liefen; doch hatte er noch kaum ein Wort mit ihr gesprochen"* (S. 24, Z. 20–25).

intellektuelle Fähigkeiten

Elke ist Hauke eine ebenbürtige Partnerin mit ihren intellektuellen Fähigkeiten. „Aber seine Tochter Elke, die kann rechnen!" (S. 24,

Z. 3 f.), weiß Hauke, noch bevor er sie kennen gelernt hat. Auch der Deichgraf hält große Stücke auf ihr Talent: „Ihr kennt nur meine Tochter nicht, die rechnet mich selber dreimal um und um!" (S. 28, Z. 21 ff.)

Bei ihrer ersten Begegnung mit Hauke auf dem Hof des Deichgrafen sieht Elke gedankenverloren aufs Meer hinaus und betrachtet verträumt den Sonnenuntergang (S. 25). Anders als Hauke, der die Natur nur als Gegner betrachtet, ist Elke auch in der Lage, ihre Schönheit wahrzunehmen.

Ihre „dunkeln Augen" (S. 28, Z. 1) fallen Hauke zuerst an ihr auf. „Sie sieht auch so nicht dösig aus!" (ebd., Z. 3), urteilt er nach einem flüchtigen Blick von dem „bräunliche[n] Mädchen" (S. 25, Z. 21).

Ihre „ernsten" und „dunklen Augen" sind Elkes auffälligstes Merkmal.

dunkle Augen

Daran lassen sich nicht nur ihre Aufmerksamkeit, ihre klare Wahrnehmung und scharfe Beobachtung ihrer Umwelt erkennen, sondern auch ihre Gefühle ablesen.

„Wie in dunklem Feuer brannten" (S. 59, Z. 1) ihre Augen, als Hauke ihr den Verlobungsring auf den Finger steckt; als sie nach langer Krankheit geheilt ist, „brach es wie ein Strahlenmeer aus ihren dunklen Augen" (S. 100, Z. 24 f.).

Sie wirkt still im Hintergrund, aber ihr entgehen auch die feinen, unterschwelligen Veränderungen in den zwischenmenschlichen Beziehungen nicht. Sie warnt Hauke mit Blicken, als dieser in der Kritik an ihrem Vater zu weit geht. „Hauke bemerkte erst jetzt, dass Elke ihre klugen Augen auf ihn gerichtet hatte und leise ihren Kopf schüttelte." (S. 33, Z. 18 ff.) Nach Haukes Krankheit sieht sie „mit Besorgnis, wie er allzeit leicht zufrieden war." (S. 122, Z. 16 f.)

Sie merkt schnell, wie Ole Peters Hauke schikaniert, und versucht, das abzustellen. Obwohl sie sich kaum kennen, fühlen sich die beiden einander verbunden. „Das Mädchen konnte ihren Kameraden in der groben Arbeit nicht verderben sehen." (S. 30, Z. 3 f.) Dennoch verrät Elke Oles abfällige Bemerkungen über Hauke nicht ihrem Vater, sondern schweigt, „ein wenig sich die Lippen beißend" (S. 30, Z. 32). Sie ist auf Gerechtigkeit bedacht und versucht zu schlichten: „War's nicht die Otter, die die Enten nahm?", fragt sie ihren Vater, als der Vollina Harders des Diebstahls beschuldigt (S. 33, Z. 30 f.).

Elke ist stolz auf Haukes Leistungen und berichtet ihm von dem Lob des Oberdeichgrafen, das eigentlich ihm galt. Als Hauke das Kompliment an sie zurückgibt, erwidert sie: „Nein, Hauke; als ich allein der Helfer war, da wurden wir nicht gelobt. Ich kann ja auch nur rechnen; [...] du hast mich ausgestochen." (S. 36, Z. 14 ff.)

bescheiden

Elke ist bescheiden und steht hinter Haukes Ehrgeiz bereitwillig zurück. Sie will gar nicht mit ihm in Konkurrenz treten, sondern sieht es als ihre Rolle an, ihn zu unterstützen. „Denk nur nicht, dass mir's Leid tut, Hauke [...] das ist ja Mannessache!" (S. 36, Z. 23 ff.) Elke sieht ihr Aufgabengebiet im Haushalt, den sie „mit ihrer leichten Hand" besorgt (S. 27, Z. 34 f.). Dennoch hört sie gut zu, wenn Hauke und ihr Vater über die Arbeit sprechen, und weiß über die Vorgänge auf dem Hof genau Bescheid. Sie rät ihrem Vater, Hauke zum Großknecht zu machen (S. 50), und sorgt auch dafür, dass er entlassen wird, um seinen Vater zu unterstützen, obwohl er seinen Dienst nicht rechtzeitig gekündigt hatte.

Elke sucht den Kontakt zu Hauke und möchte an seinem Leben teilhaben. Sie ist es, die ihn ermutigt, am Eisboseln teilzunehmen.

Trotz ihrer zurückhaltenden Art ist sich Elke ihrer Wirkung auf Männer und ihrer speziellen Mittel und Möglichkeiten als Frau durchaus bewusst. „Soll er sich den Mund wischen, wenn er abends mit seines Wirts Tochter zu tanzen denkt!", droht sie Ole Peters an (S. 38, Z. 6 ff.).
Als dieser sich beim Eisboseln tatsächlich weigert, Hauke zu unterstützen, wird sie richtig wütend: „Ihm zur Seite stand das Mädchen mit den Rätselbrauen und sah scharf aus zornigen Augen auf ihn hin; aber reden durfte sie nicht; denn die Frauen hatten keine Stimme in dem Spiel." (S. 42, Z. 13 ff.) Dennoch fürchtet sie sich nicht, sich mit Männern anzulegen, sondern ergreift deutlich Partei für Hauke. Sie hat einen starken Willen und kann auch bissig sein: „Wem zuliebe ließest du heut deinen Verstand zu Hause?" (S. 42, Z. 30 f.), fragt sie Ole. Als dieser Haukes Wurf behindern will, greift sie Ole kurzerhand und reißt ihn zurück „und die dunkeln Brauen standen ihr wie zornig in dem heißen Antlitz." (S. 45, Z. 2 f.)
Sie steht zu ihrem Wort und weigert sich, mit Ole Peters zu tanzen, wie sie es Hauke versprochen hat.

stille Entschlossenheit

Ihre stille Entschlossenheit zeigt sich auch in ihren Bewegungen. Wenn sie geht, macht sie „kleine feste Schritte". (S. 46, Z. 3) Sie ist flink und geschickt, in ihren Bewegungen das Gegenteil ihres Vaters. Vom Erscheinungsbild ist Elke eher zierlich; sie hat ein „schmales ruhiges Gesicht" (S. 31, Z. 14) und ihre Arme sind „etwas hager" (S. 25, Z. 13). Ihrer körperlichen Zerbrechlichkeit steht ihr starker Charakter gegenüber.
Bei der Diskussion um den Nachfolger im Deichgrafenamt tritt Elke couragiert auf, bleibt aber bescheiden: „Es ist nicht Weisheit, [...] ich will nur die Wahrheit sagen" (S. 64, Z. 1 f.), erklärt sie und betont, dass sie sich mit der Informa-

tion nicht in den Vordergrund spielen will: „Es ist nur, damit aus einem Irrtum nicht ein Unrecht werde!" (S. 63, Z. 31 f.)
Sie handelt vorsichtig und bedacht. Es gelingt ihr durchzusetzen, was ihr wichtig ist, ohne mit der Konvention zu brechen: „Einem rechten Mann wird auch die Frau wohl helfen dürfen!" (S. 65, Z. 31 f.)
Ihr Ehrgeiz und Streben konzentriert sich auf Haukes Karriere. „Ich habe auch meinen kleinen Stolz [...] Ich will den reichsten Mann im Dorfe heiraten!" (S. 65, Z. 12 ff.)

Hauke gegenüber ist sie schüchtern

Hauke gegenüber ist sie schüchtern. Sie spricht leise und weicht seinen Andeutungen zunächst aus (S. 48). Ihre Gestik bei seinen Annäherungsversuchen ist mädchenhaft-brav: „Da schlug ihr eine heiße Lohe in das Angesicht" und sie „schlug die Augen nieder." (S. 48, Z. 12 ff.) Erst als sie mit ihm allein ist, geht sie näher auf ihn ein. „Noch ein paar Augenblicke suchten ihre Augen auf dem Boden; dann hob sie sie langsam, und ein Blick, mit der stillen Kraft ihres Wesens, traf in die seinen" (ebd.). Auch nach der Aussprache lebt sie „in mädchenhaftem Schweigen" (S. 49, Z. 31) neben ihm her.
Bei der Beerdigung ihres Vaters bleibt sie im Haus zurück, um die Trauerfeier auszurichten. Als oben auf dem Friedhof der Sarg hinabgelassen wird, tritt sie vors Haus und spricht leise und „voll Inbrunst" die Worte des Gebetes mit (S. 60).
Sie ist eine gewissenhafte und ordentliche Hausfrau. Nach dem Tod Tede Haiens besucht sie Hauke, um bei ihm aufzuräumen. „Das können nur wir Frauen!", erklärt sie lächelnd (S. 53, Z. 32 f.).
Nach der Hochzeit mit Hauke ist sie ist abends oft allein und mit Hausarbeit beschäftigt. Doch sie klagt nicht, son-

dern nimmt ihre Situation genügsam hin und bringt Haukes ehrgeizigen Plänen viel Verständnis entgegen, obwohl dieser wenig Zeit für sie hat.
Elke steht voll und ganz hinter Hauke: „Die wären alle gern, was du bist!" (S. 67, Z. 29 f.)
„Nur wer ein Amt regieren kann, der hat es!" (S. 68, Z. 5 f.)
Bei ihr findet Hauke Bestätigung und guten Rat. „Drückt dich etwas, so sprich es von dir; wir haben's ja immer so gehalten!" (S. 126, Z. 19 f.) Hauke gefällt „die klare Einsicht und der kräftige Geist seines Weibes" (ebd.). Sie hat Interesse an Haukes Arbeit, äußert auch Zweifel und ernste Bedenken. Dem Deichbau steht sie kritisch gegenüber. „Hast du denn guten Mut dazu?" (S. 71, Z. 17) „Sei nicht zu rasch, Hauke; das ist ein Werk auf Tod und Leben [...]!" (S. 71, Z. 20 f.) „Und die ungeheuren Kosten? Hast du das bedacht?" (S. 72, Z. 15)
Elke stellt ihre Gefühle hinter vernünftigen Überlegungen zurück. Sie lässt Hauke ihre Besorgnis nicht spüren und lässt auch sich selbst gegenüber nur rationale Bedenken gelten. „Ich weiß es wohl, du musst!", sagt sie, ihre Furcht unterdrückend, als Hauke sich von ihr verabschiedet, um in den Sturm hinaus zu reiten (S. 134). Sie belastet ihren Mann nicht mit ihren Ängsten. „Elke zitterte oft genug für ihn; aber war er wieder da, so hätte er das nur aus ihrem festen Händedruck oder dem leuchtenden Blitz aus ihren sonst so stillen Augen merken können." (S. 73, Z. 21–25)
Auch ihre Ansprüche ordnet sie denen der anderen unter. „Ich hab's nicht sagen wollen, Hauke; ich dachte, du würdest selber wohl das Rechte treffen." (S. 50, Z. 22 ff.) „Und sein Weib, damit er endlich nur zur Ruhe komme, lag wie schlafend mit geschlossenen Augen, obgleich sie mit klopfendem Herzen nur auf ihn gewartet hatte." (S. 73, Z. 6 ff.)

Nur selten zeigt sie Schwäche: Als Hauke ihr erzählt, dass sie nach dem Deichbau einen großen Besitz haben werden, erwidert sie, den Tränen nah: „Du müsstest denn ein ander Weib nehmen; ich bring dir keine Kinder." (S. 82, Z. 34 f.) Doch sofort reißt sie sich zusammen und hat ihre Gefühle wieder unter Kontrolle: „Verzeih, Hauke, [...] ich bin mitunter ein verzagt Weib!" (S. 83, Z. 7 f.)

zwar pragmatisch, aber eher schwermütig

Elke ist zwar pragmatisch und steht mit beiden Beinen im Leben, aber auch sie wirkt eher schwermütig. Nur einmal überkommt sie eine Erinnerung an ihre Kindheit „und ein fast schelmisches Lächeln brach aus ihren ernsten Augen" (S. 71, Z. 33 ff.).

Bei jedem Anflug von Romantik errötet sie und wechselt das Thema. Sie zeigt ihre Liebe eher in Gesten. „Elke lief ins Haus und holte noch ein Tüchlein und ein Käppchen für ihr Kind." (S.115, Z. 19 f.) Auch Hauke wickelt sie einen Schal um den Hals, bevor dieser in den Sturm hinausreitet. (S. 134). Ihr Verhältnis zu ihrem Mann hat auch etwas Mütterliches.

Elke ist skeptisch, als sie den vernachlässigten, lahmenden Schimmel sieht. „Du weißt doch, das Wohlfeilste ist auch meist das Teuerste", gibt „die kluge Frau" zu bedenken. (S. 81, Z. 22 f.)

Sie sieht nicht gern, dass das Hauspersonal sich einer Sekte anschließt. „Freilich hatte Elke ihre Bedenken darüber gegen Hauke nicht zurückgehalten." (S. 99, Z. 30 f.) Doch Hauke setzt seine Meinung durch, dass Religion Privatsache sei.

Elke „schlug wie in Angst die Arme über ihren Leib", als Hauke davon spricht, die Arbeiter könnten am Ende noch auf den Gedanken kommen, ihr zukünftiges Kind im Deich zu vergraben (S. 72, Z. 13). Auch ruft sie „Pfui!", als Hauke ihr von dem merkwürdigen Mann erzählt, dem er den Schimmel abgekauft hat, und hofft, dass „der Schimmel nur nichts von seinem alten Herrn dir zubringt" (S. 84, Z. 20 f.), doch ist sie ebenso wenig abergläubisch wie ihr Mann: „Was redet ihr da?" „Lasst das den Wirt nicht hören!" schilt sie die tratschenden Mägde. „Geht an euere Arbeit, das bringt euch besseren Segen!" (S. 131, Z. 27 ff.)

mehr Sozialkompetenz als ihr Mann

Elke besitzt mehr Sozialkompetenz als ihr Mann. „Elke ging mitunter leise bessern", wenn Hauke sich dem Personal oder den Deicharbeitern gegenüber allzu unfreundlich verhalten hat (S. 101, 32). Sie ist hilfsbereit und besorgt um ihre Mitmenschen, besonders um ihren und Haukes Vater und um ihren Ehemann.

Als der Antrag für die neue Eindeichung komplett ist, versichert Elke ihrem Mann: „Wir wollen fest zusammenhalten" (S. 74, Z. 20 f.). Sie teilt Haukes Sorgen. Wenn er abends nach Hause kommt, „war auch sein Weib ihm schon zur Seite" (S. 92, Z. 7 f.), obwohl auch sie bis zur Erschöpfung arbeitet.

Als sich die Stimmung im Dorf mehr und mehr gegen Hauke wendet und er sie bittet, ihm treu zu bleiben, versteht sie ihn erst gar nicht. „Dir treu? Wem sollte ich denn anders treu sein?" (S. 101, Z. 16 f.) Andere Männer kommen ihr nie in den Sinn.

Elke genießt bei den hohen Beamten großes Ansehen. Bei der Besichtigung des neuen Deichs hebt der Oberdeichgraf sie in den Wagen und lenkt persönlich die Kutsche: „Er wollte die gescheite Frau seines Deichgrafen selber fahren." (S. 109, Z. 11 f.)

Nach der Geburt ihres Kindes fällt Elke in ein Fieber und fantasiert. Auch in ihren Fieberträumen steht Hauke im Mit-

telpunkt. „Halt mich, Hauke!", schreit sie, hofft auf Halt und Hilfe von ihrem Mann, der sich sonst immer auf sie verlassen kann. Aber sie fürchtet auch, ihn zu verlieren: „In See, ins Haf hinaus? O, lieber Gott, ich seh ihn nimmer wieder!" (S. 98, Z. 20 ff.) Als sie erfährt, dass sie geheilt ist, sind ihre ersten Worte: „Hauke, mein Mann, gerettet! Ich bleibe bei dir!" (S. 100, Z. 28)
Elke sieht „mit lachenden Augen", wie liebevoll Hauke sich um Wienke kümmert (S. 103, Z. 13). Doch es belastet sie, dass nur sie allein von deren Behinderung weiß. Das Kind entfremdet die beiden voneinander. Wenn die Eheleute Wienke beim Spielen beobachten, „dann flog wohl ein zärtlicher Blick auf ihr Kind; hatten sie sich gewandt, so blieb nur noch ein Schmerz auf ihrem Antlitz, den jedes einsam mit sich von dannen trug; denn das erlösende Wort war zwischen ihnen noch nicht gesprochen worden." (S. 114, Z. 31–S. 115, Z. 1) Dem Kind gegenüber bemüht Elke sich, ihre Unsicherheit zu verbergen. Doch kaum hat Wienke das Zimmer verlassen, „schlug sie mit einem Ausdruck des tiefsten Grams die Augen zu ihrem Manne auf, aus denen ihm sonst nur Trost und Mut zu Hülfe gekommen war." (S. 117, Z. 21 ff.) Als erwarte sie von ihm eine Absolution, erklärt sie: „Hauke, lass mich sprechen: Das Kind, das ich nach Jahren dir geboren habe, es wird für immer ein Kind bleiben. O, lieber Gott! Es ist schwachsinnig; ich muss es einmal vor dir sagen." (ebd.) Elke sucht die Schuld für Wienkes Behinderung bei sich. „Was hab ich arme Mutter denn verschuldet?" (S. 118, Z. 6 f.) Erst mit Haukes Bestätigung ist es ihr möglich, Wienke ihre Liebe offen zu zeigen.

„Da warf sich Elke an ihres Mannes Brust und weinte sich satt und war mit ihrem Leid nicht mehr allein. Dann plötzlich lächel-

te sie ihn an; [...] und holte sich ihr Kind [...] und nahm es auf ihren Schoß und hätschelte und küsste es". (S. 118, Z. 16–22)

Doch auch nach dieser Aussprache bleibt ihr Verhältnis zu ihrem Kind distanzierter als das zu ihrem Mann. Als Hauke sie im Sturm auf dem sicheren Hof zurücklässt, „starrte [sie] wie abwesend in die Nacht hinaus, in der ihr Mann verschwunden war", und vergisst darüber ihre Tochter. Der Knecht bringt ihr das Kind zurück, das hinter seinem Vater hergelaufen und gestürzt war. „‚Das Kind? – Ich hatte dich vergessen, Wienke!', rief sie; ‚Gott verzeih' mir's.' Dann hob sie es an die Brust, so fest nur Liebe fassen kann" (S. 135, Z. 10 ff.).

ihr Verhältnis zu ihrem Kind bleibt distanzierter als das zu ihrem Mann

Ole Peters *Haukes Gegenspieler*

Der Großknecht des Deichgrafen ist „ein tüchtiger Arbeiter und ein maulfertiger Geselle" (S. 29, 16 f.). Doch er fühlt sich Hauke geistig unterlegen und schikaniert den Jüngeren darum mit schweren körperlichen Arbeiten. Haukes Bevorzugung durch den Deichgrafen schürt seinen Neid und das Gefühl, ungerecht behandelt zu werden. Als er Haukes Stallarbeit übernehmen soll, damit dieser dem Deichgrafen beim Rechnen helfen kann, flucht er und „schlug mit einer Trense gegen den Ständer [...], als wolle er sie kurz und klein haben" (S. 30, 24 ff.). Ole verbreitet im Dorf, dass Hauke hinter der neuen Strenge und dem entschiedeneren Durchgreifen des Deichgrafen steckt, und löst damit Abneigung gegen ihn bei den Einwohnern aus.

Ole ist clever und schlagfertig. Er ist Kretler der Marschmannschaft beim Eisboseln. Dazu „wurden allezeit Leute genommen, die ihre

clever und schlagfertig

Sache ins beste Licht zu rücken verstanden, am liebsten Burschen, die außer gesundem Menschenverstand auch noch ein lustig Mundwerk hatten" (S. 37, Z. 17 ff.). Hauke befürchtet zu Recht, von ihm zurückgewiesen zu werden: Ole versucht tatsächlich, ihn mit der Begründung „Kleinknechte und Jungens gehören nicht dazu" (S. 38, Z. 30 f.) aus dem Spiel zu halten. Er redet Hauke vor den anderen herunter. Als jemand zu bedenken gibt, dessen Vater besitze Land, erwidert er: „Ja, Land [...], das man auf dreizehn Karren wegfahren kann!" (S. 39, Z. 20 f.) Auch hier spricht der Neid aus ihm, denn er selbst ist „ein Tagelöhnersohn", wie Elke sagt (S. 38, Z. 2).
Während des Spiels verspottet er Hauke: „Soll Hauke wo geflickt werden? Ich dacht's mir schon." (S. 42, Z. 5 f.) „Der Vogel ist dir wohl zu groß" (S. 44, Z. 19). Er drängt sich ihm gar in den Weg, um seinen Wurf zu behindern (S. 44, Z 29 f.). Als Elke ihn kritisiert, reagiert er unwirsch: „Da sah er sie fast grimmig an, und aller Spaß war aus seinem breiten Gesichte verschwunden." (S. 42, Z. 33 f.)
Anders als Hauke, der völlig in seiner Arbeit aufgeht, verbringt Ole Zeit im Wirtshaus, ist lebenslustig und gesellig und hat „das Maul am rechten Fleck" (S. 42, Z. 8). Schon das macht ihn beliebter als den zurückgezogenen Hauke.
Der Spott, Hauke sei nur Deichgraf „von seines Weibes wegen" (S. 67, Z. 16 f.), den er im angetrunkenen Zustand vor Zuhörern äußert, löst bei Hauke blanken Hass aus.
Elke versucht ihren Mann zu beruhigen mit dem Argument, Ole habe sich „selber eingefreit" (S. 67, Z. 33). Ole heiratete „die dicke Vollina", die er auf dem Fest kennen gelernt hatte, und kündigte beim Deichgrafen. „Der muntere Schwiegersohn" (S. 50, Z. 2) des reichen Hofbesitzers Jeß Harders hat damit finanziell ausgesorgt, denn der Alte starb bald darauf und hinterließ ihm seinen Besitz. – Hauke ist besorgt,

denn „Ole Peters, sein alter Widersacher", beginnt nach dieser Erbschaft „ein wohlhabender Mann zu werden!" (S. 57, Z. 10 ff.)

Ebenso wie Hauke ist Ole ein sozialer Aufsteiger. Als Jewe Manners stirbt, wird er Gevollmächtigter. Er bringt Hauke „heimliches Widerhalten und unnötige Einwände" entgegen, denn „Ole gehörte zwar zu den Wichtigen, aber in Deichsachen nicht zu den Klugen; auch war von früher her der ‚Schreiberknecht' ihm immer noch im Wege." (S. 102, Z. 18 ff.) Er wirft Hauke vor, sich anzubiedern: „Er ist hinterspinnig und sucht beim Oberdeichgraf sich 'nen weißen Fuß zu machen." (S. 67, Z. 9 ff.)

sozialer Aufsteiger

Ole handelt teils voreilig und unüberlegt und ärgert sich später selbst darüber. Diesen Ärger projiziert er auf Hauke. Aus Trotz verkauft er kurzerhand alle seine Anteile am Vorland an Hauke mit der Begründung, sein bester Schafbock sei ihm dort ertrunken. Vor der Versammlung verkündet er dann dreist, aber mit feiner Ironie:

> *„Vertrauet unserem Deichgrafen! der versteht zu rechnen; er hatte schon die meisten Anteile, da wusste er auch mir die meinen abzuhandeln, und als er sie hatte, beschloss er, diesen neuen Koog zu deichen!"* (S. 93, Z. 31 ff.)

Als Hauke die Gevollmächtigten aufsucht, um von den Schäden am Deich zu berichten, trifft er Ole Peters „im Gastzimmer [...] am Kartentisch" (S. 125). Er behauptet, sich den Schaden selbst schon angesehen zu haben, und schätzt ihn als gering ein.

„Ole Peters hatte sich verbissen zurückgehalten; ihm gehörte nichts im neuen Kooge." (S. 111, Z. 3 f.) So fällt es ihm nicht schwer, Hauke zu raten, den Schaden nur oberflächlich auszubessern. Er selbst glaubt, er habe nichts zu verlieren. Durch sein „böses Maul" lässt Hauke sich von einer gründlichen Reparatur abhalten (S. 140, Z. 29 f.).

„Du hättst ihn lassen sollen, wo du ihn fandest!" (S. 125, Z. 23), bemerkt er trocken, als Hauke berichtet, dass der Priel wieder auf den Deich treffe, und kritisiert somit Haukes gesamtes Werk. Bei der Sturmflut gibt er ohne Haukes Wissen den Befehl, den neuen Deich zu durchstechen.

Der Widerstand gegen Hauke personifiziert sich in Ole

Die frühe Rivalität zwischen den beiden steigert sich im Verlauf der Geschichte zu einer erbitterten Feindseligkeit. Der Widerstand gegen Hauke personifiziert sich in Ole. Mit seiner Abneigung wächst die des ganzen Dorfes. Er ist der Aufwiegler, stachelt die anderen auf und schürt die negativen Gefühle gegenüber Hauke. Der Junge, der den Dienst bei Hauke aus Angst vor dem Schimmel kündigt, findet bei seinem neuen Arbeitgeber „andächtige Zuhörer für seine Geschichte von dem Teufelspferd des Deichgrafen" (S. 87, Z. 23 f.). Ole selbst ist nicht abergläubisch. Auch mit den religiösen Versammlungen hat er nichts zu tun. Er ist auf seinen Vorteil bedacht und hegt eine persönliche Abneigung gegen Hauke. Missgunst veranlasst ihn zu der Hinterlist, zu der er den Aberglauben der Dorfbewohner nur ausnutzt.

Der alte Deichgraf Tede Volkerts *Haukes „gewichtiger, aber leichter lebender Vorgänger"*

Haukes Vater, Tede Haien, hält nicht viel vom alten Deichgrafen: „Der Deichgraf ist ein Dummkopf, dumm wie 'ne Saatgans! Er ist nur Deichgraf, weil sein Vater und Großvater es gewesen sind und wegen seiner neunundzwanzig Fen-

nen." (S. 23, Z. 19 ff.) Auch Ole Peters ist sich sicher: „Der alte wurde Deichgraf von seines Vaters [...] wegen" (S. 67, Z. 15 ff.).
Tede Volkerts scheint seiner Aufgabe kaum gewachsen zu sein. Besonders die Buchhaltung bereitet ihm so große Mühe, dass er auf Hilfe angewiesen ist.

> *„Wenn aber einmal der Schulmeister nicht kann oder auch nicht will, dann muss er selber dran und sitzt und schreibt und streicht wieder aus, und der große Kopf wird ihm rot und heiß, und die Augen quellen wie Glaskugeln, als wollte das bisschen Verstand da hinaus."* (S. 23, Z. 29–34)

peinlich unbeholfen

Tede Volkerts ist in seinem ganzen Verhalten peinlich unbeholfen. Bei der Revision der Deichrechnungen überlässt er Hauke die Arbeit und schläft zufrieden im Lehnstuhl ein. Zu allem Überfluss schnarcht er dabei laut (S. 31).

Behäbigkeit und geistige Trägheit

Seine Behäbigkeit und geistige Trägheit spiegeln sich in seinen Bewegungen und in seinem Körperbau wider. Alles an ihm scheint rund zu sein: Er „starrte aus seinen runden Augen befriedigt auf das Gerippe einer fetten Ente" (S. 26, Z. 22 ff.) und fasst Haukes Hand „mit seinen beiden runden Händen" (S. 54, Z. 7 f.). Er bewegt sich schwerfällig und gemächlich: „der Angeredete drehte langsam Kopf und Augen zu ihm hin" (S. 26, Z. 27 ff.) Schon wenn er sich aus seinem Lehnstuhl erheben will, sinkt er „mit seinem schweren Körper" zurück (S. 54, Z. 3).
Bei der ersten Begegnung sitzt „der starke, etwas schlagflüssige Hauswirt [...] im Lehnstuhl auf seinem bunten Wollenpolster" (S. 26, Z. 20 ff.) „Er hatte seine Hände über

dem Bauch gefaltet" und „der Stimme war die verzehrte fette Ente anzuhören" (ebd.).
Seine Gestik und Mimik ist parodistisch überzeichnet wie bei einer Comic-Figur: „Die Augen des alten Deichgrafen waren immer größer geworden" (S. 33, Z. 5 f.). Als er wütend wird, schlägt er dröhnend mit der Faust auf den Tisch und Hauke ist erstaunt über seine „Bärenstimme" (S. 33, Z. 24). Er klopft seinem Knecht kollegial auf die Schulter, schnauft, wenn er sich aufregt, und „sah fast wild von einem zu der anderen", als er aus dem Schlaf aufschreckt. „Dann lehnte er sich wieder in seinen Stuhl zurück, ruckte den schweren Körper ein paar Mal und überließ sich bald dem sorgenlosen Schlummer." (S. 34)

Faulheit

Seine Arbeitseinstellung zeigt sich im Gespräch mit Tede Haien. Der Knecht hat die Kälber nicht getränkt, so dass diese die ganze Nacht über schrien. Die logische Konsequenz besteht für den Deichgrafen darin, dass er auf Grund der nächtlichen Ruhestörung am nächsten Tag „bis Mittag nachschlafen musste". „Dabei kann die Wirtschaft nicht bestehen!", bemerkt er noch, ohne zu erkennen, dass dies auf seine eigene Faulheit zurückzuführen ist (S. 27, Z. 16 ff.).
Gemütlich und leicht zufrieden zu stellen, geht er stets den Weg des geringsten Widerstandes. Bezeichnenderweise ist der einzige Gesetzesbruch, den er mit einer Geldstrafe ahndet, der Diebstahl seiner Enten.
„Wird schon, wird schon", meint er zur bevorstehenden Inspektion und spricht seinen Vorgesetzten schmunzelnd mit „gestrenger Herr Oberdeichgraf" an (S. 35, Z. 14 f.).
Die Dorfbewohner wissen, dass erst Hauke „den Alten doch noch einmal etwas in Trab gebracht" hat und der lebhaftere Geschäftsgang nur daher rührt, dass Tede Volkerts seine Au-

gen vor wichtigen Arbeiten nun mehr „nicht immer schließen konnte" (S. 34, Z. 19).
„Mit dem Alten war's doch zuletzt nichts mehr", bemerkt Jewe Manners auf Tede Volkerts' Beerdigung (S. 63, Z. 17 f.).
Der Deichgraf selbst betont dennoch unablässig, wie schwer sein Amt und wie groß seine Verantwortung sei: „Danket Gott, dass ihr nicht Deichgraf seid! Zwei Augen hat man nur, und mit hundert soll man sehen." (S. 34, Z. 6 ff.).
„Gott sei Dank, ich bin noch allezeit frisch und munter!" (S. 35, 17 f.), rühmt er sich dem Oberdeichgrafen gegenüber und bemüht sich um einen Ausdruck „würdevoller Ruhe". Dabei sieht er sich jedoch vorsichtig im Raum um, ob nicht etwa Hauke anwesend ist. Insgeheim weiß er, dass der Kleinknecht den Großteil seiner Arbeit erledigt, darum will er ihn nach Ole Peters' Kündigung zunächst nicht zum Großknecht aufrücken lassen. „Ich brauch ihn hier bei meinen Büchern!" (S. 50, Z. 8) Als Elke ihn jedoch warnt, auch Hauke könne kündigen, wird „dem Alten bange" (ebd., Z. 10). Zu sehr ist er auf Haukes Unterstützung angewiesen.
Mit zunehmendem Alter überlässt er immer öfter Entscheidungen, die den Hof betreffen, seiner Tochter.
Nach Haukes Kündigung entwickelt der Deichgraf ein freundschaftliches Verhältnis zu ihm. Er besteht darauf, Hauke nach der Beerdigung seines Vaters in sein Haus zum Essen einzuladen und bezeichnet sich als „alten Freund" (S. 54, Z. 5).
„Ich weiß nicht, wo mir der Kopf steht", bekennt er, als wenig später wieder die Herbstschau ansteht, „aber deiner, gottlob, ist um ein gut Stück jünger; du bist ein braver Junge, Hauke!" (S. 54) „Und nach dieser langen Rede, womit der Alte sein ganzes Herz dargelegt hatte, ließ er sich in seinen Stuhl zurückfallen und blinzelte sehnsüchtig nach der

Tür, durch welche Elke eben mit der Bratenschüssel hereintrat." (S. 54, Z. 19–23) Seine größte Sorge gilt dem Essen: „Kalt schmeckt das nicht!" (ebd.)

Freude am Essen und Vorliebe für fette Braten

Seine Freude am Essen und seine Vorliebe für fette Braten ist im Dorf bekannt: „Wenn [...] die Deich- und Sielrechnungen abgetan werden müssen, dann füttert er den Schulmeister mit Gansbraten und Met und Weizenkringeln" (S. 23, Z. 22 ff.), während dieser rechnet, „und sitzt dabei und nickt". Diese Angewohnheit, Probleme bevorzugt mit Essen zu lösen, zeigt sich auch, als er den Oberdeichgrafen, der zur Inspektion kommt, „zum Frühstück nötigte". „Der Gansbraten da wird schon die Kräfte stärken!" (S. 35) „Aber Elke, nun sorg, dass du den Braten auf den Tisch kriegst; wir müssen uns stärken!" (S. 54, Z. 11 f.) Sein permanenter Appetit wird zu so etwas wie einem „Running Gag". Er selbst meint dazu: „Was meint Ihr mit Verdruss? Wir Marschleute haben, Gott tröst' uns, was dagegen einzunehmen!" (S. 27, Z. 6 ff.), womit er auf den Entenbraten deutet. Selbst sein Tod kündigt sich dadurch an, dass „sein Leibgericht, der Ofenbraten, selbst seine Enten [...] ihm nicht mehr schmecken wollen." (S. 59, Z. 15 ff.)
Ihm mangelt es an Taktgefühl und einem Gespür dafür, welches Gesprächsthema in welcher Situation angemessen ist. So bemerkt er zum Beispiel angesichts des Entenbratens Tede Haien gegenüber „Das war mein Leibvogel [...] sie fraß mir aus der Hand!" (S. 27, Z. 10 ff.)
Er sorgt für Situationskomik beim Leser und erscheint auch selbst als fröhlicher und unbekümmerter Mensch. Er lacht viel und seine Ausdrucksweise zeugt von Humor. So nennt er den Knecht, den er entlassen hat, einen „dicken Mopsbraten" (S. 27, Z. 17 f.).

Der Deichgraf ist naiv und gutgläubig und versteht nicht, wenn sich jemand über ihn lustig macht. So als Tede Haien auf die Klage des Deichgrafen, Gott habe ihm einen Sohn versagt, erwidert: „Ja, Deichgraf; aber lasst Euch das nicht kränken, [...] denn im dritten Gliede soll der Familienverstand ja verschleißen; Euer Großvater [...] war einer, der das Land geschützt hat!" (S. 28, Z. 7 ff.) Der Deichgraf erkennt zwar – „nach einigem Besinnen" wohlgemerkt –, dass diese Spitze gegen ihn gerichtet war, und sieht „schier verdutzt aus", tut die Kritik aber sofort „unbekümmert" als „Torheit" und „Altweibergeschwätz" ab.

naiv und gutgläubig

Er kann sich gar nicht vorstellen, dass seine Person ernsthaft kritisiert wird.

Tede Haien *Haukes Vater*

Haukes Vater ist verwitwet und allein für Haukes Erziehung verantwortlich. Er unterhält einen kleinen Hof mit „ein paar Fennen, wo er Raps und Bohnen baute, auch eine Kuh graste". Im Frühjahr und im Herbst arbeitet er als Landvermesser, im Winter ist er damit beschäftigt „zu ritzen und zu prickeln", fertigt Zeichnungen und mathematische Berechnungen an (S. 9, Z. 21 f.). Er ist Rationalist, besitzt Messgeräte und arbeitet mit wissenschaftlichen Methoden. Der Schulmeister vergleicht Tede Haien mit bekannten Erfindern und Mathematikern, schränkt aber ein: „Ein Stück von solch einem Manne war auch der Vater des nachherigen Deichgrafen; freilich wohl nur ein kleines." (S. 9, Z. 18 f.)

Tede sieht sich selbst als „Halbgelehrten" (S. 11, Z. 6). Im Dorf gilt er als der klügste Mann.

Im Dorf gilt er als der klügste Mann

Mit Haukes wissbegierigen Fragen ist er dennoch früh überfordert und verweist ihn auf die Bücher auf dem Dachboden. Als er erkennen muss, dass sein Sohn kein Interesse an der Landwirtschaft zeigt, schickt er Hauke zum Arbeiten auf den Deich. Das soll ihn „vom Euklid kurieren" (S. 11, Z. 11). Tede ist ein ernster, strenger Mann. Mit Hauke verbindet ihn eine distanzierte Beziehung. Im Gespräch mit seinem Sohn wirkt er oft „wie abwesend" (S. 12, Z. 12 und 22, Z. 35). Es ärgert ihn, dass „auch die Deicharbeit bei dem Jungen die Denkarbeit nicht hatte vertreiben können." (S. 13, Z. 1 ff.) Seine Sorge um den Sohn äußert sich in Ärger, als sich dieser bei schlechtem Wetter am Deich herumtreibt und spät nach Hause kommt. Haukes Feststellung, die Deiche seien nicht sicher, kommentiert er trocken mit „Du bist wohl das Wunderkind aus Lübeck!" (S. 12, Z. 28) Dennoch redet er seinem Sohn die hochfliegenden Pläne nicht aus. Er erkennt schnell, dass es Hauke ernst damit ist. „Der Alte sah ihn an und schluckte ein paar Mal; dann ging er aus der Tür; er wusste nicht, was er dem Jungen antworten sollte." (S. 13, Z. 11 ff.)

abgeklärt und ein hartes Leben gewöhnt

Tede ist abgeklärt und ein hartes Leben gewöhnt. „Dem alten Haien war so was just nichts Neues: ‚Sie haben wohl seit November schon in See getrieben!', sagte er gleichmütig" angesichts der aufgequollenen Wasserleichen (S. 14, Z. 31 f.).

Gleichgültig und kühl wirkt er auch, als sein Sohn den Kater der alten Trien' Jans erwürgt. Als Trien' Jans ihn bei ihrem Besuch geheimnistuerisch bittet, den Tisch abzuräumen, wird er nur „fast neugierig" (S. 20, Z. 33).

Er ist durchaus sensibel in der Wahrnehmung seiner Mitmenschen, kann aber mit Gefühlsäußerungen anderer nicht gut umgehen. „Ihre Augen sahen ihn mit seltsamem Funkeln an! ‚So komm Sie!', sagte der Alte. Was gingen ihn die Augen des dummen Weibes an." (S. 20, Z. 27 ff.) „Er wusste nicht, was er mit dem heulenden Weibe machen sollte." (S. 21, Z. 9 f.)

Er bemüht sich, Lösungen zu finden, und weiß auch in dieser Situation Rat; ist allerdings pragmatisch bis zur Gefühllosigkeit: Er gibt der alten Frau Geld und verspricht ihr das größte Junge seiner Katze. Dann rät er ihr, das tote Tier zum Abdecker zu bringen, und bittet sie, nicht im Dorf zu verbreiten, was sich „auf meinem ehrlichen Tisch" (S. 22, Z. 10) abgespielt hat.

Auch als er den Sohn zur Rede stellt, wird er nicht emotional und macht ihm noch nicht einmal Vorwürfe. Ohne sich aufzuregen, verlangt er eine Erklärung von Hauke und entscheidet dann: „Die Kate ist hier zu klein; zwei Herren können darauf nicht sitzen – es ist nun Zeit, du musst dir einen Dienst besorgen!" (S. 23, Z. 2 ff.)

nachdenklich und schweigsam

Tede ist nachdenklich und schweigsam, so dass Hauke sich wundert, als der Vater sich über die Unfähigkeit des Deichgrafen aufregt. „So hatte er's noch nicht von ihm gehört." (S. 24, 1 f.)

Tede Haien besitzt durchaus Humor, wie sich zeigt, als er dem einfältigen Deichgrafen weismacht, der Familienverstand nehme in der dritten Generation ab. „Und der hagere Tede Haien sah den alten Würdenträger mit etwas boshaften Augen an." (S. 28, Z. 17 f.)

Tede ist im Gegensatz zu Elkes unbekümmertem Vater tüchtig und gewissenhaft. Auch darum fällt sein Urteil über den Deichgrafen so hart aus.

Geradlinigkeit und Ehrlichkeit sind wichtige Werte für ihn. Der Vater sorgt dafür, dass Haukes Vertrag einige Vorteile beigefügt werden. Er selbst lebt bescheiden und sparsam. Auch im hohen Alter arbeitet er noch mit Reißbrett und Feder. Er hat „knapp gelebt" (S. 52, Z. 13), um Haukes Zukunft finanziell abzusichern. Ohne Haukes Wissen vergrößert er seinen Grundbesitz, um Hauke seinem Traum, Deichgraf zu werden, näher zu bringen. „Ich dachte auch allmählig, du seiest der rechte Mann dazu." (S. 52, Z. 10 f.) Ebenso wie sein Sohn geht er in der Arbeit auf. „Dein Vater hat vor seinen Zahlen und Rissen nicht viel um sich gesehen", sagt Elke nach seinem Tod (S. 53, Z.8 f.).

Intelligenz und berufliche Kompetenz

Seine Intelligenz und seine berufliche Kompetenz sind im Dorf unumstritten und beinahe legendär: „So einer im Feldmessen sollte hier in der Marsch noch nicht gewesen sein; der sollte noch über des Deichgrafen Vater, den seligen Tede Haien, gehen!" (S. 91, 30 ff.) wird später ein Feldmesser für den Deichbau beworben.

Trien' Jans

Die alte Frau lebt allein abseits des Dorfes „ein gut Stück hinaus auf dem Deiche in einer kleinen Kate" (S. 17, Z. 24 f.). Sie ist verwitwet, und ihr einziger Sohn, ein Matrose, ertrank bei Sturmflut an der Küste, als er seiner Mutter beim Krabbenfischen helfen wollte. „Ihr Geselle" (S. 19) ist ein alter weißer Angorakater, den ihr Sohn ihr von einer Seereise mitgebracht hatte. „Diese Unform von einem Kater" (S. 17, Z. 26 f.) ist „das Kleinod seiner Herrin" (S. 19, Z. 14 f.). Als Hauke ihn erschlägt, hebt sie drohend ihren „mageren Arm" (ebd., Z. 26) gegen Hauke und verflucht ihn. Sie stößt ein „Geheul und Zetern" (ebd., Z. 22) aus, dass es Hauke in den „Ohren gellte". „Sorgsam, als wär's ein Kind" (S. 20, Z. 10 f.),

ein alter weißer Angorakater

trägt sie das tote Tier zu Tede Haien. Das Geld, das dieser ihr als Schadensersatz bietet, nimmt sie gern. Sie greift schon nach dem Taler, während Tede noch redet, und verstaut ihn rasch in ihrer Schürzentasche.

Ihre Hände sind von Gicht verkrümmt, sie geht am Stock und kommt bei langen Fußwegen aus der Puste. „Das greise Haar flog ihr im Winde um das rote Kopftuch" (S. 19, Z. 24 f.). Sie hat etwas von einer Hexe mit einer „langen Nase" und „funkelnden Augen".

Obwohl sie schon zu Beginn als „die Alte" (S. 17, Z. 25) bezeichnet wird, überlebt sie Tede Haien, den alten Deichgrafen Tede Volkerts und sogar den alten Jewe Manners um Jahre.

Die frühere Dienstmagd bei Elke Volkerts' Großvater kam auch später noch oft ins Haus des Deichgrafen und lehrte dessen Tochter kunstvolle Strickmuster.

Beim Eisboseln geht sie mit einem Korb herum und verteilt Honigkuchen und Branntwein, von dem sie Hauke ein Glas zur Versöhnung anbietet. Hauke nimmt an und gewinnt kurz darauf das Spiel.

Als „greises Menschenkind" (S. 111, Z. 25) von achtzig Jahren zieht sie auf Elkes Drängen hin auf dem Deichgrafenhof ein. Unter dem wenigen Hausrat, den sie mitbringt, befindet sich ein Schemel, der mit dem Fell des toten Angorakaters bezogen ist. Sie hält sich eine Möwe namens „Claus" als Haustier. Zunächst zeigt sie sich undankbar und beschwert sich, dass sie von ihrem Zimmer aus nicht aufs Meer sehen kann, „wo mein Jung mir derzeit ist zu Gott gegangen". „Du hast mich hier als wie gefangen, Deichgraf!" (S. 112, Z. 21 f.)

> zieht auf Elkes Drängen hin auf dem Deichgrafenhof ein

Nach einer Weile freundet sie sich mit Wienke, der Tochter des Deichgrafen, an. Sie setzt das Kind auf den Schemel und

erzählt ihm von dem Angorakater. „Wenn er noch lebig wäre, so könntst du auf ihm reiten." (S. 112, Z 14 f.) Als Wienke das Fell des toten Katers streichelt, unterbricht sie grob: „Jetzt ist es genug; und sitzen kannst du auch noch heut auf ihm" (ebd., Z. 22 ff.). Sie hält das behinderte Kind für eine Strafe Gottes für seinen Vater und streichelt ihm mit ihrer „knöchernen Hand" mitleidig über den Kopf. Ihr Umgang mit dem Kind ist freundlich, aber „derb", ebenso wie ihre Bewegungen. „Sie patschte mit ihren alten Händen in die Luft" (S. 43, Z. 28 f.), „dann hob sie das Kind an beiden Armen in die Höhe" (S. 113, Z. 25 f.).
Wienke besucht sie und die Möwe jeden Morgen. Zusammen mit dem Hund „Perle" bilden sie ein „wunderliche[s] Vierblatt, das nur durch einen gleichen Mangel am selben Stängel festgehalten wurde" (S. 114, Z. 29 ff.).
Trien hat etwas Unheimliches mit ihren „verkrümmten Finger[n]" und ihrer brummigen Stimme. Als Hauke Wienke mit zum Deich nimmt, sitzt sie vor dem Haus „auf dem Stein und murmelte Unverständliches mit ihren welken Lippen." (S. 115, Z. 28 f.)

Sie erzählt Wienke Schauergeschichten

Sie erzählt Wienke Schauergeschichten von einem Wasserweib, das sie angeblich selbst gesehen hat. Aberglaube mischt sich mit christlicher Religion, als sie behauptet: „Das sind Undinger, die nicht selig werden können." (S. 120, Z. 4 f.) „Beten können diese Kreaturen nicht." (S. 119, Z. 27) Als Hauke ihr verbietet, seiner Tochter solche Märchen zu erzählen, sieht sie ihn mit „einem bösen Blicke" an und murmelt: „Das sind keine Mären, [...] das hat mein Großohm mir erzählt." Haukes Spott ist der Alten einerlei. „Ihr glaubt nicht, Hauke Haien; Ihr wollt wohl meinen Großohm noch zum Lügner machen!" (alle S. 120)

Mit fast neunzig Jahren stirbt Trien' Jans. Auf ihren Wunsch hin richtet man sie im Bett auf, damit sie aus dem Fenster sehen kann. Im Sterben streckt sie ihre „knöchernen Arme" nach der Meeresspiegelung im Fenster aus. Ihre letzten Worte erschrecken Hauke: „Aber die Alte rührte noch einmal ihre Lippen [...] und kreischend wie ein Notschrei brach es hervor [...]: ‚Hölp mi! Hölp mi! Du bist ja båwen Wåter... Gott gnåd de annern!'" (S. 129, Z. 30 ff.) „Was wollte die alte Hexe?" fragt sich Hauke. „Sind denn die Sterbenden Propheten?" (S. 130, Z. 15 ff.) Kurz nach Trien' Jans Tod beginnen die Gerüchte über unheimliche Vorkommnisse.

Jewe Manners *Deichgevollmächtigter und Elkes Pate*

der alte Deichgevollmächtigte

Nach dem Tod des alten Deichgrafen Tede Volkerts bekommt zunächst der alte Deichgevollmächtigte Jewe Manners das Amt angeboten. Doch er „hob lächelnd das schwarze Sammetkäppchen von seinen weißen Haaren" und lehnt ab mit der Begründung, er sei zu alt. „Das Spiel würde zu kurz werden" (S. 62, Z. 19 ff.). Beim Tod des alten Deichgrafen ist er schon seit vierzig Jahren Gevollmächtigter. Jewe weiß, dass in Wirklichkeit Hauke die Geschäfte des Deichgrafen führte: „Was in den letzten Jahren Gutes für Deiche und Siele und dergleichen vom Deichgrafenamt in Vorschlag kam, das war von ihm" (S. 63, Z. 15 ff.). Er erkennt früh, dass Hauke der richtige Mann für den Posten wäre, ist aber auch über dessen finanzielle Verhältnisse gut informiert und weiß, dass ihm das fehlt, „was man hier ‚Klei unter den Füßen' nennt" (S. 63, Z. 23 f.).

Als Taufpate von Elke Volkerts, der Tochter des Deichgrafen, freut er sich still über deren Hochzeit mit Hauke und dessen Ernennung zum neuen Deichgrafen. „Der Alte schüttelte leis den Kopf: ‚Unser Herrgott gebe seinen Segen!', sagte er andächtig." (S. 65, Z. 19 f.)

weiser Mentor im Hintergrund

Auf Haukes Bitten hin bleibt er trotz seines hohen Alters im Amt. Als weiser Mentor im Hintergrund wacht er über Haukes Tun. Er spricht sich als einziger der Gevollmächtigten für den neuen Deichbau aus, nicht aus familiärer Loyalität, sondern aus vernünftigen Gründen. „Recht hast du, das kann nur die Unvernunft bestreiten. Wir haben Gott mit jedem Tag zu danken, dass er uns trotz unserer Trägheit das kostbare Stück Vorland gegen Sturm und Wasserdrang erhalten hat" (S. 89, Z. 23 ff.). Jewe erkennt als Einziger die Notwendigkeit des Baus. „Jetzt aber ist es wohl die elfte Stunde, in der wir selbst die Hand anlegen müssen, es auch nach all unserem Wissen und Können selber uns zu wahren und auf Gottes Langmut weiter nicht zu trotzen". (ebd., Z. 27 ff.) Wie Hauke will auch er das Schicksal selbst in die Hand nehmen. Er baut auf die Fähigkeiten der Menschen und nicht auf sein Gottvertrauen. Er spricht aus langer Lebenserfahrung, wenn er prophezeit: „Den Deich, den Hauke Haien [...] bei der Herrschaft für euch durchgesetzt hat, den wird niemand von euch Lebenden brechen sehen" (S. 89 f.).
Sein Wort hat Gewicht unter den Anwesenden; er genießt hohen Respekt, denn „der Greis war noch immer als ein Mann von Tüchtigkeit und unantastbarer Rechtschaffenheit bekannt" (S. 90, Z. 7 ff.). Hauke ist dankbar für seine Unterstützung. Elke gegenüber äußert er: „Dein Pate, Jewe Manners, ist ein guter Mann; ich wollt, er wär um dreißig Jahre jünger." (S. 92, Z. 17 f.)
Anders als die anderen Dorfbewohner ist Jewe nicht im Aberglauben verhaftet, sondern findet einen Weg, den Glauben an Christentum und Naturwissenschaft zu vereinen: Er

hält die menschliche Vernunft für gottgegeben und ist überzeugt von Haukes „von Gott verliehener Einsicht" (S. 89, Z. 34). Jewe gehört der gleichen Generation wie Haukes Vater Tede an, und wie dieser ist er ernsthaft und pflichtbewusst. Die Faulheit und Unvernunft der Jüngeren sind ihm fremd.

ernsthaft und pflichtbewusst

Als Jewe Manners im Winter während des Deichbaus stirbt, vermisst Hauke die „ermutigenden Worte und [...] dazugehörigen zutunlichen Schläge auf seine linke Schulter, die er so oft von dem alten Paten seines Weibes einkassiert hatte" (S. 102, Z. 12 ff.). Als es zum Streit am Bau kommt, kommt ihm Harke Jens, ein Freund des Alten, zu Hilfe. „Eine Hand schlug sanft auf seine Schulter, als wäre es die Hand des alten Jewe Manners; doch als er umsah, war es nur ein Freund des Alten" (S. 106, Z. 5 ff.), der als Einziger noch die Werte der alten Generation vertritt.

2.5 Sachliche und sprachliche Erläuterungen

Storm selbst fügte der ersten Buchausgabe seiner Novelle einige Erklärungen „für binnenländische Leser" hinzu:

Marsch (S. 3): dem Meere abgewonnenes Land, dessen Boden der fest gewordene Schlick, der Klei, bildet
Watten (S. 3): von der Flut bespülte Schlick- und Sandstrecken an der Nordsee
Hallig (S. 3): kleine, unbedeichte Insel
Koog (S. 5): ein durch Eindeichung dem Meere abgewonnener Landbezirk
Werfte (S. 6): (auch Werft oder Warft) zum Schutze gegen Wassergefahr aufgeworfener Erdhügel in der Marsch, worauf die Gebäude, auch wohl Dörfer liegen
Interessenten (S. 6): die wegen Landbesitzes bei den Deichen interessiert sind
Fenne (S. 9): ein durch Gräben eingehegtes Stück Marschland
Haf (S. 13): das Meer
Springflut (S. 13): die ersten nach Voll- und Neumond eintretenden Fluten
Klei (S. 14): fest gewordener Schlick
Profil (S. 14): das Bild des Deiches bei einem Quer- oder Längenschnitt
Geest (S. 18): das höhere Land im Gegensatz zur Marsch
Schlick (S. 18): der graue Ton des Meeresbodens, der bei Ebbe bloßgelegt wird
Pesel (S. 26): ein für außerordentliche Gelegenheiten bestimmtes Gemach, in den Marschen gewöhnlich neben der Wohnstube

Dossierung (S. 33): (oder Böschung), die Abfalllinie des Deiches

Bestickungsarbeiten (S. 34): Belegung und Besteckung mit Stroh bei frischen Deichstrecken

Demat (S. 35): ein Landmaß in der Marsch (0,5 ha)

Vorland (S. 68): der Teil des Festlandes vor den Deichen

Priel (S. 69): Wasserlauf in den Watten und Außendeichen

Lahnungen (S. 125): Zäune von Buschwerk, die zur besseren Anschlickung vom Strande in die Watten hinausgesteckt werden

Ausführlichere Erläuterungen finden sich im Anhang der Reclam-Ausgabe.

2.6 Stil und Sprache

Landschaft und Menschen in der Novelle werden mit großer **Detailgenauigkeit** geschildert, ihr Charakter auf diese Weise veranschaulicht. Zur Beschreibung des Deichbaus verwendet Storm **Fachausdrücke** der Deichbau-Ingenieure, was den Anschein von Authentizität steigert. In diesem von Realismus geprägten Umfeld kommen die fantastischen Elemente umso deutlicher zur Geltung.

Vorausdeutungen

Oft bedient sich Storm Vorausdeutungen, die auf die drohende Katastrophe hinweisen. Schon in der Rahmenerzählung finden sich solche Ankündigungen: Genau genommen ist schon die Begegnung des Reisenden mit dem Schimmelreiter als solche zu sehen, bildet doch dessen Erscheinen den Anlass für die Erzählung der Lebensgeschichte Hauke Haiens. Zudem stürzt sich die unheimliche Gestalt bei einer späteren Unterbrechung an der gleichen Stelle ins Wasser, wie es dann in der Binnenhandlung der Deichgraf tun wird. Auf diese Weise wird die Spannung beim Leser erhöht. Auch in der Kernerzählung wird früh eine Vorhersage getroffen: Haukes Vater schimpft, weil der Junge sich am Deich herumtreibt. Er ist besorgt, dass er hätte ertrinken können. Hauke antwortet trotzig: „Ich bin doch nicht versoffen!" Darauf erwidert der Vater düster: „Diesmal noch nicht." (S. 12, Z. 19 f.) Dies ist der früheste Hinweis in der Binnenhandlung auf Haukes späteres Schicksal. Zum zweiten Mal äußert Elke eine solche Prophezeiung. Im Fiebertraum während ihrer schweren Krankheit schreit sie: „Wasser! Das Wasser! [...] In See, ins Haf hinaus? O, lieber Gott, ich seh ihn nimmer wieder!" und sieht „wie rettungslos verloren" um sich. (S. 98, Z. 19 ff.) Als drittes Omen lässt sich das Verhalten

Wienkes deuten, als sie zum ersten Mal das Meer sieht. Sie spürt instinktiv die Gefahr, die von ihm ausgeht, und fragt ängstlich, ob es Beine habe und über den Deich kommen könne. Bei ihrer zweiten Begegnung mit dem Wasser hält sie den Atem an und wirkt, „als sähe sie erschrocken in einen Abgrund." (S. 121, Z. 31 f.) Auch die Worte des Schulmeisters, „das Jahr 1756, das in dieser Gegend nie vergessen wird" (S. 129, Z. 3 f.), die das Finale der Binnenhandlung einleiten, können als Vorgriff gedeutet werden, denn der Leser erfährt zunächst noch nichts von der Sturmflut, erwartet aber Ereignisse von bedeutenden Ausmaßen. Der deutlichste Hinweis auf die bevorstehende Katastrophe sind die letzten Worte der sterbenden Trien' Jans, die von Hauke bei seinem Selbstmord wieder aufgegriffen werden. Keine der vorangegangenen Warnungen war als solche verstanden worden; erst seine körperliche und geistige Geschwächtheit macht Hauke sensibel für diese letzte Andeutung.

Flüche

Eine ähnliche Funktion haben die Flüche, die Hauke und seinem Werk gegenüber immer wieder geäußert werden. Die Erste, die einen Fluch gegen ihn ausstößt, ist Trien' Jans, als Hauke ihren Kater tötet. („Du sollst verflucht sein!", S. 19, Z. 27) Haukes Konkurrent, der sich zurückgesetzt fühlende Großknecht Ole, ruft wenig später: „Hol' der Teufel den verfluchten Schreiberknecht!" (S. 30, Z. 26 f.) Auch Haukes spätere Gründlichkeit als Deichgraf trifft nicht nur auf Wohlwollen: „Der Teufel möchte die Geschichte holen" (S. 67, Z. 4), beklagen sich die Dorfbewohner über die steigenden Deichlasten. Der Teufel wird noch öfter in der Binnenerzählung bemüht. So weist die Beschreibung des Pferdehändlers, von dem Hauke den Schimmel ersteht, in diese Richtung. Hauke beschreibt ihn als „ruppige(n) Kerl" mit einer „braune(n) Hand, die fast wie eine Klaue aussah". Dieser nickt ihm auch noch „listig" zu und „lachte wie ein Teufel" (vgl. S. 84). Der Deichgraf selbst denkt sich nichts dabei, doch die Dorfbewohner brauchen diese Umstände des Kaufs noch nicht einmal zu kennen, um einen Teufelspakt dahinter zu vermuten. Die seltsam intensive Beziehung, die Hauke und den Schimmel verbindet, genügt ihnen als Anlass. Hauke selbst wird nun von den Dorfbewohnern dämonisiert. Er selbst greift das unwissentlich auf, als er auf die Bemerkung des Knechts, den Schimmel reite der Teufel, lachend erwidert: „Und ich!" (S. 86, Z. 3). Seine behinderte Tochter indessen sieht Hauke als allmächtig an: „Sag, dass es [das Wasser] uns nichts tun soll; du kannst das, und dann tut es uns auch nichts!" (S. 116, Z. 18 f.), „Vater kann alles – alles!" (S. 117, Z 17).

Gebet

Den Verwünschungen gegenüber stehen fromme Wünsche, Gespräche mit Gott im Gebet sowie kurze Stoßgebete. „Hilf Himmel!" ruft Elke, als sie den vernachlässigten Schimmel erblickt (S. 81, Z. 15). Auch in scheinbar alltäglichen Redewendungen wird wiederholt Gott erwähnt. Ursprünglich religiöse Bekundungen sind Bestandteil der Alltagssprache geworden. Der alte Deichgraf benutzt oft Wendungen wie „Gott vergönn's Ihm" (S. 23, Z. 28), „Gott tröst' uns" (S. 27, Z. 8), „danket Gott" oder „Gott sei Dank". Auch Hauke, Tede und Trien' Jans gebrauchen Sätze wie „Gott tröst'" (S. 24, Z. 2) oder „bei Gott und Jesus" (S. 28, Z. 2) in gänzlich profanem Kontext.

Der Tod wird immer als Einflussbereich Gottes gesehen: „Bis mich der Herrgott hätt zur Ruhe gehen lassen" (S. 89, Z. 22 f.), sagt Jewe Manners über seinen Tod, „der dunkle Engel des Herrn, der mich zu rufen kommt" (S. 52, Z. 1 f.),

nennt ihn der sterbende Tede Haien, und Trien' Jans will sehen, „wo mein Jung mir derzeit ist zu Gott gegangen" (S. 112, Z. 29 f.).
Auch darüber hinaus ist die Religion im Sprachgebrauch präsent, wie Anfeuerungsrufe beim Eisboseln wie „Das war ein Wurf, sagte Zacharias und warf sein Weib aus der Luke" (S. 41, Z. 22 f.) oder „als habe der Erzengel Michael selbst geworfen" (S. 43, Z. 11 f.) zeigen.
Die Tatsache, dass der Schulmeister studierter Theologe ist, prägt scheinbar auch seinen Sprachgebrauch. „Und so überließ man dem großen Gott das Werk der Menschenhände und stellte es in seinen Schutz" (S. 97, Z. 25 f.). „Der Herrgott schien seine Gunst dem neuen Werke zuzuwenden" (S. 102, Z. 32 f.). Auch Hauke stellt sein Werk in den Schutz Gottes. „Machen wir mit Gott den Schluss" kündigt er das Ende der Deichbauarbeiten an (S. 107 f.). Er sieht es als seine Aufgabe, „die Gemeinde vor unseres Herrgotts Meer zu schützen" (S. 128, Z. 28 f.).
Zentrale Symbole der Novelle sind das Meer und der Deich. Das Meer zeigt die existenzielle Gefahr, welche die Natur für den Menschen darstellt. Der Deich ist Ausdruck menschlicher Anstrengungen, sich vor dem elementaren Feind zu schützen.
Ebenfalls als Symbol kann die Esche betrachtet werden. Sie ist der höchste Baum des Dorfes. Schon Elkes Urgroßvater hatte diesen „Baum gepflanzt, der noch jetzt mit seiner immer mächtiger werdenden Blätterkrone in dem hier unablässigen Winde wie von alten Zeiten rauschte." (S. 25, Z. 6 ff.) Wichtige Gespräche, die für den weiteren Verlauf der Handlung entscheidend sind, finden unter ihr statt. Wie oft in der Kunst stellt der Baum den Gegensatz zwischen der Beständigkeit der Natur und der Vergänglichkeit des Men-

schen dar. In der Nacht der Sturmflut knarrt die Esche, „als ob sie auseinander stürzen solle" (S. 134, Z. 27 f.).

Leitmotiv

Die Verwendung von Dingsymbolen und Leitmotiven dient in der Erzählform der Novelle oft als Strukturelement. Ein Leitmotiv im *Schimmelreiter* ist die Titelgestalt selbst. Deutlich wird dies in der Ähnlichkeit der Wortwahl bei der Beschreibung des Reiters in der Rahmen- und in der Binnenhandlung. Die Darstellung des strengen Baustellenaufsehers Hauke Haien, „wie aus seinem hageren Gesicht die Augen starrten, wie sein Mantel flog, und wie der Schimmel sprühte" (S. 97, Z. 11 ff.) ähnelt deutlich der des gespenstischen Schimmelreiters „auf einem Pferde, einem hochbeinigen hageren Schimmel; ein dunkler Mantel flatterte um [seine] Schultern, und im Vorbeifliegen sahen mich zwei brennende Augen aus einem bleichen Antlitz an" (S. 5, Z. 11 ff.). Auch die sprachlichen Parallelen in der Beschreibung des Pferdeskeletts auf der Hallig und des Schimmels sind auffällig und legen eine Identifikation nahe: Das Pferd, das „rauhaarig und mager, dass man jede Rippe zählen konnte", ist und dessen Augen „ihm matt und eingefallen in den Schädelhöhlen" (S. 81, Z. 13) lagen, gleicht dem „Pferdsgerippe mit seinem weißen, langen Schädel" und seinen „leeren Augenhöhlen". (S. 80, Z. 11 f.)

Leitmotivischen Charakter hat auch der Ausspruch Ole Peters', Hauke sei nur Deichgraf „von seines Weibes wegen" (S. 67, Z. 16 f., S. 68, Z. 33 ff., S. 94, Z. 12 ff.) der von Hauke an verschiedenen Stellen fast wörtlich wiederholt wird.

Tiere

Eine besondere Stellung kommt den Tieren in der Novelle zu: Ihnen werden oft menschliche Verhaltensweisen und Eigenschaften zugeschrieben. Wie der Kater von Trien' Jans, so scheint auch

der Schimmel ein beinahe menschliches Bewusstsein zu besitzen. „Das Tier aber hob den Kopf und sah mich aus blöden Augen an; mir war's, als ob es mich um etwas bitten wolle" (S. 83, Z. 24 ff.), beschreibt Hauke die erste Begegnung. Wenn der Deichgraf es reitet, „so fuhr dem Tier ein Wiehern wie ein Lustschrei aus der Kehle" (S. 85, Z. 10) und es bewegt sich „wie tanzend". Es hat „die schönen Augen auf seinen Herrn gerichtet (S. 85, Z. 33) und legt „den Kopf auf seines Herrn Schulter" (S. 85, Z. 29).
In der Katastrophennacht wiehert der Schimmel, „dass es wie ein Trompetenschall" klingt und gleicht „einem Streithengst, der sich in die Schlacht stürzt" (S. 134).
Entsprechend nimmt sich der Kampf des Menschen gegen die Natur durch die häufige Personalisierung der Natur wie ein Kampf gegen ein übermächtiges Ungeheuer aus.

Personalisierung der Natur

Sie wird als gefährliche, unbezwungene Macht, als Feind und Gegner des Menschen dargestellt. Da ist die Rede vom „Toben von Wind und Wasser" (S. 4, Z. 16) und vom „Brüllen des Sturmes" (S. 135, Z. 11). „Die nagenden Wellen" (S. 95, Z. 14) schlagen „unaufhörlich wie mit Wutgebrüll an den Deich" (S. 3, Z. 31), „heulend, als sei in ihnen der Schrei alles furchtbaren Raubgetiers der Wildnis" (S. 137, Z. 14 f.). „Die Wasser beißen [...] in den Deich" (S. 12, Z. 12 f.). Bei der letzten Sturmflut wurden „Gut und Menschen ungezählt verschlungen" (S. 124, Z. 6 f.). Selbst „der nasse, saugende Klei" hindert den Reiter am Fortkommen.
Besonders im Fall des Sturms, „der ihnen die Luft am Munde abschnitt" (S. 105, Z. 12), macht die Wahl der Sprache die physische Gewalteinwirkung auf den Menschen deutlich: „Die Winde fassten hier schärfer" (S. 104, Z. 4). Als die Magd die Fensterläden schließt, „dass nicht der Sturm hi-

neinfasse und Unheil anrichte" (S. 132, Z. 15 f.), „riss ihr der Sturm den Laden aus der Hand und warf ihn gegen die Fenster" (S. 133, Z. 22 f.). Der Natur werden dadurch ein Bewusstsein und Absichten unterstellt, was sich mit der Vorstellung der Dorfbewohner deckt, die Natur müsse durch Opfer gnädig gestimmt werden. Auch Hauke spricht sowohl den Naturgewalten als auch den Tieren menschliche Eigenschaften zu. (S. 13) Er spricht sie an wie ein menschliches Gegenüber. Doch glaubt er, ihnen durch seinen Verstand überlegen zu sein. „Aber Sturm und Meer waren nicht barmherzig" (S. 142, Z. 27). Der Mensch findet keinen Trost in der Natur. Sie bringt ihm bestenfalls Gleichgültigkeit entgegen: „Wohin er blickte, es sah ihn leer und öde an." (S. 123, Z. 17) „Es war, als liege die ganze Welt in weißem Tod." (S. 15, Z. 9 f.) Der Mond tritt als stiller, distanzierter Beobachter in Erscheinung. „Das milde Gestirn beleuchtete den Graus, der schäumend, zischend vor ihm in die Tiefe stürzte" (S. 142, Z. 3 ff.). Er „sah leuchtend aus der Höhe; aber unten auf dem Deiche war kein Leben mehr, als nur die wilden Wasser" (S. 143, Z. 28 ff.).

Ein Symbol für Hoffnung auf Geborgenheit bieten nur die künstlichen Lichtquellen: Schon in der Rahmenhandlung „begrüßt" der Reisende „mit Freuden" den Lichtschein des Gasthauses (S. 6, Z. 2). Hauke tröstet das Licht während der Sturmflut: „Nur von einer Stelle brach ein Lichtschein durch das Dunkel. Und wie ein Trost kam es an des Mannes Herz; es musste von seinem Haus herüberscheinen, es war ihm wie ein Gruß von Weib und Kind." (S. 141, Z. 5 ff.) Nach dem Tod seiner Familie erscheint es ihm „wie entseelt." (S. 143, Z. 18)

Dem Licht der Sonne hingegen kann man nicht trauen: Es beleuchtet zwar ein „goldner Herbsttag [...] das neue Werk

der Menschenhände" (S. 108, Z. 29 ff.), doch die Idylle ist nicht von Dauer. „Als sie auf den Deich hinaufkamen, schlug der Widerschein der Sonne [...] ihm in die Augen". „Herabschießendes Sonnenlicht" blendet den Deichgrafen, der nicht weiß, „wie uns die Natur mit ihrem Reiz betrügen kann" (S. 127, Z. 3 f.). Wenn auch der Reisende „beim goldensten Sonnenlichte" weiterreitet, so ist es doch „über einer weiten Verwüstung aufgegangen" (S. 146, Z. 2).
Auch die Tiere geben kein romantisches, sondern ein bedrohlich-raues, feindseliges Bild der Natur wieder: Da sind „die klagenden Stimmen der großen Vögel" (S. 15, Z. 5) zu hören, „ein höhnisches Gegacker" (S. 136, Z. 14) der Möwen oder „der Schrei einer Lerche, deren Leben unter dem Überfall eines Wiesels oder einer Wasserratte endete" (S. 86, Z. 12 ff.). Die domestizierten Tiere – der Angorakater, die Möwe Claus, der kleine Hund und der Schimmel – sterben spätestens bei der Sturmflut.

Natur Projektionsraum für Gefühle

Nur selten wird die Natur zum Projektionsraum und zum Spiegel für Gefühle. Die Lichtstimmungen bei Haukes und Elkes Zweisamkeit wirken durchaus romantisch – „Aus der Himmelshöhe funkelten die Sterne" (S. 48, Z. 26 f.), er tröstet sie, „während der Abendschein auf den Kacheln an den Wänden spielte" (S. 82, Z. 14 f.) – und scheinen manchmal auch eine symbolische Bedeutung zu erfüllen. Sie sehen „in das Abendrot, das drüben hinterm Deiche in das Meer versank" (S. 50, Z. 27 f.), als sie über den bevorstehenden Generationenwechsel sprechen, und gehen „in dem sinkenden Dunkel" auseinander. Ihr Blick durchströmt ihn „wie Sommerluft" (S. 48, Z. 21), und nachdem sie sich ihre Gefühle gestanden haben, gehen sie in der Winterkälte nach Hause, „als sei es plötzlich Frühling geworden" (S. 48, Z. 30).

Sonst gibt es kaum Romantik in ihrer starken und stabilen Beziehung. Die Hochzeit wird im Text ausgespart. Da beide sehr wortkarg sind, ist die Bedeutung von Gesten bezeichnend für ihr Verhältnis. Vieles spielt sich über Blicke ab, schon durch den Ausdruck ihrer Augen werden die Personen charakterisiert.

Selbstgespräch

Seelische Vorgänge schildert Storm genau und psychologisch ausgefeilt. Als Mittel zur Beschreibung von Gefühlszuständen, besonders innerer Unruhe, stellen sich die Personen oft Fragen im Selbstgespräch: „Was dann, was sollte dann geschehen?" (S. 124, Z. 11), „Was wollte die alte Hexe? Sind denn die Sterbenden Propheten?" (S. 130, Z. 14 ff.), „Aber wo war das Meer? Wo Jeverssand? Wo blieb das Ufer drüben?" (S. 137, Z. 10 ff.) „Was hatte er für Schuld vor Gottes Thron zu tragen?" (S. 140, Z. 23 f.), „Hatte sie ihn erkannt? Hatte die Sehnsucht, die Todesangst um ihn sie aus dem sicheren Haus getrieben? Und jetzt – rief sie ein letztes Wort ihm zu?" (S. 142, Z. 32 ff.)

Wechsel der Perspektive

In der letzten Phase des Deichbaus steigert Storm die Dramatik. Die zahlreichen **Orts- und Richtungsangaben** sowie der häufige Wechsel der Perspektive dienen zur Veranschaulichung der Dynamik der Szene: „Seine hagere Gestalt [...] tauchte bald hier, bald dort aus den schwarzen Menschenmassen empor, die oben wie unten an der Nordseite des Deiches neben der Schlucht beschäftigt waren" (S. 104, Z. 19 ff.), „Unten sprangen Männer dazwischen", „Hauke war schon wieder oben und sah von seinem Schimmel in die Schlucht hinab", „er hatte es von oben hinunterschleudern sehen" (alle S. 105), „bald rauschte es hinab in die Tiefe" (S. 107, Z. 27 f.).

2.7 Interpretationsansätze

Spannungsfeld zwischen Naturwissenschaft, Aberglaube und Religion

Ein zentrales Thema der Novelle ist das Spannungsfeld zwischen Naturwissenschaft, Aberglaube und Religion. Der christliche Glaube ist in der Novelle allgegenwärtig. Er äußert sich in Feiertagen, in Ritualen wie der Hochzeit und der Beerdigung und in Gebeten. In ihrer Auslegung und Praktizierung des Glaubens legen die Personen allerdings große Unterschiede an den Tag. Während viele Dorfbewohner sich einer Sekte anschließen, gehen Hauke und seine Frau sonntags gemeinsam in die Kirche. Ebenso wie Hauke ist auch der rational denkende Jewe Manners ein gläubiger Mann. „Unser Herrgott wird dir dein Werk gelingen lassen" sagt er Hauke voraus (S. 94, Z. 25 f.). Diese positive Prophezeiung steht den vielen Flüchen und schlechten Omen gegenüber. Tatsächlich erfüllt sie sich ebenso wie diese; der Hauke-Haien-Deich überdauert nicht nur die Sturmflut, sondern gar die nächsten Jahrhunderte.
Die alte Trien' Jans vermischt in ihren Märchen Aberglaube und christliche Religion, ebenso wie viele der Dorfbewohner. Elkes tiefer Glaube wird in ihren Gebeten deutlich. In der Sturmflut wendet sie sich an Gott und bittet um Vergebung für ihren verblendeten Mann. Doch auch ein Anflug von Paranoia packt sie, und auch sie ist einen Moment versucht, der Natur ein geisterhaftes Bewusstsein zuzuschreiben:

> *„Wenn das Brüllen des Sturmes und das ferne Klatschen des Meeres einen Augenblick aussetzten, fuhr sie wie in Schreck zusammen; ihr war jetzt, als suche alles nur ihn zu verderben, und werde jäh verstummen, wenn es ihn gefasst habe."* (S. 135, Z. 11 ff.)

Storm selbst schreibt über sein Verhältnis zum Aberglauben in einem Brief an Gottfried Keller vom 4. August 1882: „Nicht, dass ich Un- oder Übernatürliches glaubte, wohl aber, dass das Natürliche, was nicht unter die alltäglichen Wahrnehmungen fällt, bei weitem noch nicht erkannt ist." Auffälligerweise sind die Frauen in der Novelle empfänglicher dafür als die Männer, so zum Beispiel Elke, die nach dem Ausschau hält, „was hier alle Abend vor sich geht; aber hier nicht alle Abend just zu sehen ist" (S. 25, Z. 28 ff.).

Erkenntnis seines Versagens

Auch Haukes Erkenntnis seines Versagens und die Sühne für seine Schuld lassen sich durchaus in diesen religiösen Kontext einordnen. Er nimmt den Freitod auf sich, opfert sich, damit die anderen verschont werden sollen. In diesem Zusammenhang erscheinen auch die Vergleiche mit Jesus Christus oder Sokrates, die der Schulmeister in der Rahmenhandlung andeutet, weniger abwegig. Der Bezug zur Bibel wird in der Wortwahl bei der Darstellung der Flutkatastrophe wieder hergestellt: „Eine Sündflut war's, um Tier und Menschen zu verschlingen" (S. 142, Z 4. f.); „nur ein Brausen wie vom Weltenuntergang füllte ihre Ohren" (S. 143, Z. 3). „Es tönte und donnerte, als solle die ganze Welt in ungeheuerem Hall und Schall zugrunde gehen" (S. 135, Z. 26 ff.), „als sei hier alle Menschenmacht zu Ende" (S. 137, Z. 21).
Die merkwürdigen Vorkommnisse, die bald nach Trien' Jans' Tod beginnen, lassen sich rational als Naturphänomene erklären. So kann es sich bei dem „Geschmeiß" (S. 130, Z. 19), das vom Himmel gefallen sein soll, um eine massenhaft auftretende Insektenart handeln. Ebenso kann eine rötliche Färbung des Regens durch rötlichen Staub oder Pflanzenteile wie Blut aussehen. Von den abergläubischen Dorfbewohnern allerdings werden die Erscheinungen als

Vorankündigungen eines Unheils gedeutet. Tatsächlich weisen sie in ihrer Häufung Ähnlichkeit mit den Ankündigungen der Apokalypse in der Bibel auf.
Der teils vorgebliche Aberglaube der Dorfbewohner hat in vielen Fällen ganz weltliche Beweggründe wie Neid, Geldgier, Faulheit oder persönliche Rache. So ist der Redner, der im Konventikel Hauke als Gottesleugner und im Bund mit dem Teufel bezeichnet, ein „vom Deichgrafen aus der Arbeit gejagter Pantoffelmacher" (S. 100, Z. 33 f.).
Dem Tatendrang Haukes steht nicht nur die Trägheit der Dorfbewohner, sondern vor allem ihr Desinteresse gegenüber. „Ihr habt es ausgesonnen, Deichgraf; Ihr müsset selbst am besten wissen, wer dazu taugen mag" (S. 91, Z. 19 ff.), bekommt er zur Antwort, als er versucht, die Geschworenen in die Arbeit einzubeziehen. Aufklärung ist nach Kants Definition der Ausgang des Menschen aus seiner selbst verschuldeten Unmündigkeit. Hauke ist zwar aufgeklärt, aber selbst kein Aufklärer in diesem Sinne. Er legt keinen Wert darauf, das unmündige Verhältnis der Bauern und sogar der Gevollmächtigten zur Autorität des Deichgrafen zu verändern, sondern führt die Planung seines Projekts allein durch. Zwar kann er mit Hartnäckigkeit und eiserner Selbstdisziplin seine Ideen durchsetzen, jedoch vermag er nicht, die übrigen Dorfbewohner von deren Richtigkeit zu überzeugen. Sie können Haukes mathematisch-logische Argumentation nicht nachvollziehen und bestehen nach alter Sitte darauf, „was Lebiges" (S. 106, Z. 30 f.) in den Deich zu werfen, damit er halten soll. In diesem Konflikt um Technik und magische Praktiken erreicht die Auseinandersetzung zwischen dem Einzelnen und der Gemeinschaft, dem Deichgrafen und den Dorfbewohnern, einen Höhepunkt.

Auseinandersetzung zwischen dem Einzelnen und der Gemeinschaft

Der Aberglaube trifft letztlich den am meisten, der ihn anzweifelt. Hauke verweigert das Deichopfer und opfert sich am Ende selbst. Dieses Ritual kann man neben der durchaus religiös motivierten Sühne für seine Schuld auch als Versuch der Unterwerfung unter die geltenden Normen und damit als Abbitte und Annäherung an die Dorfbewohner verstehen, zumal er vor dem Tod seiner Familie, der seinen Selbstmord bedingt, noch verspricht, seinen Gegnern zu verzeihen und beim Wiederaufbau zu helfen.
Der Individualist Hauke steht außerhalb der Dorfgemeinschaft. Zunächst ist seine Isolation selbstgewählt und Ausdruck seines Charakters. Seine überragende Intelligenz, vor allem aber seine Arroganz entfernen ihn von den anderen. Dennoch verspürt er auch sozialen Geltungsdrang und macht sich abhängig von gesellschaftlicher Anerkennung. Oles Spott kränkt ihn in seinem Stolz. Diese Abhängigkeit und die egoistische Motivation des Deichbaus zur Selbstbestätigung sind die eigentlichen Schwächen seines Charakters wie seines Projekts.

Motivkette von Krankheit, Behinderung und Tod

Besonders deutlich treten diese Schwächen zu Tage, als die körperliche Krankheit, das Marschfieber, hinzukommt und Hauke in eine tiefe Krise stürzt. Sie lässt sich einreihen in die Motivkette von Krankheit, Behinderung und Tod.
Todesfälle, von Menschen wie von Tieren, bilden wichtige Abschnitte in Haukes Leben. Nach dem Katermord beschließt sein Vater, er sei nun erwachsen und solle sich einen Dienst suchen. Der Tod Tedes beschert Hauke ein beträchtliches Vermögen und bildet so die notwendige Grundlage zum Deichgrafenamt. Der Tod des alten Deichgrafen schließlich lässt ihn zu seinem Nachfolger werden. Nachdem Jewe

Manners gestorben ist, löst ihn Haukes Rivale Ole als Gevollmächtigter ab und macht diesem Schwierigkeiten. Das Sterben der alten Trien' Jans auf dem Deichgrafenhof macht deutlich, wie nahe die Katastrophe bevorsteht.
Das erste Opfer der Sturmflut ist Claus, die Möwe, die Trien' Jans mit auf den Hof gebracht hatte (S. 133 und 136). Der Schimmel zertritt das gezähmte Tier, das im Sturm bei dem ihm bekannten Reiter Schutz suchen wollte. So fällt die gezähmte Natur den Kräften der unbezwungenen zum Opfer. Zudem erscheint hier ein erstes Anzeichen dafür, dass das Unheil auch Haukes sicheres Haus, seine Familie erreicht hat. Denn kurz darauf folgen unmittelbar nacheinander der Tod Elkes und Wienkes mit ihrem Hund sowie Haukes Selbstmord.
Die Geburt, die den vielen Todesfällen gegenübersteht, bietet nur kurz Anlass zu Freude und Hoffnung. Denn Elke fällt bei der Geburt in ein Fieber. Das Mädchen, das sie zur Welt bringt, ist behindert. Diese Tochter von Hauke und Elke bildet eine zentrale Figur zwischen Aufklärung und Aberglaube. Sie lebt völlig in ihrer eigenen Welt, scheint auch die einfachsten Erklärungen ihres Vaters nicht zu verstehen und bevorzugt die Gesellschaft der alten Trien' Jans, die ihr ihre magische Weltsicht vermittelt. Hauke wird sein Wissen also nicht an die nächste Generation weitergeben können. Sein revolutionärer Weg endet mit seinem Tod in den Fluten. Trien' Jans sieht die Geburt der behinderten Tochter Wienke als Strafe Gottes für Hauke. Auch der Schulmeister erwähnt „sein blödes Mädchen, womit später der Herrgott ihn belastete" (S. 16, Z. 17 ff.). Tatsächlich ist ihre Behinderung der Beweis dafür, dass Haukes rationale Weltsicht die Natur doch nicht gänzlich beeinflussen kann. Gegen Krankheit, Behinderung und Tod ist sie machtlos.

Die Natur bleibt letztlich auch für den „geborenen Rechner" Hauke unberechenbar.
Seine größenwahnsinnige Selbstüberschätzung, mit der er sich zugleich Feinde unter den Menschen gemacht und den übermächtigen Gegner, die Natur und insbesondere das Meer, herausgefordert hatte, löst schließlich – wie die Hybris, die frevelhafte Vermessenheit des Helden der griechischen Antike – die Katastrophe aus.
Wie in der griechischen Tragödie kann Hauke seinem mehrfach vorausgesagten Schicksal, dem Tod in der Sturmflut, nicht entgehen. Zwar wird er beim Deichbruch nicht vom hereinstürzenden Wasser erfasst. Doch Elke, die auf der Werfte sicher gewesen und ebenfalls verschont geblieben wäre, folgt ihm aus Sorge und ertrinkt zusammen mit dem gemeinsamen Kind im Sturm. Der Verlust seiner geliebten Familie treibt Hauke in den Selbstmord.

historische und politische Bezüge

In der Geschichte Hauke Haiens, die in der wilhelminischen Ära entstand, lassen sich auch historische und politische Bezüge erkennen. Angesichts der kritischen Haltung, die Storm gegenüber Bismarck einnahm, kann die Person des Deichgrafen sicher nicht als idealisierter Vertreter der Gründerzeit gesehen werden, sondern eher als Kritik an der Leistungsorientierung, der Beschleunigung des technischen Fortschritts und am Glauben der Menschen an den Sieg über die Natur. Denn dem Einzelkämpfer Hauke gelingt es nicht, Tradition und Innovation zu vereinen. Durch menschliches Versagen wird schließlich die Katastrophe ausgelöst. Sein Scheitern kann als Warnung vor größenwahnsinnigen Projekten gesehen werden.

3. Themen und Aufgaben

Die Lösungstipps verweisen auf die Kapitel und Seiten der vorliegenden Erläuterung.

Erläutern Sie, welche Effekte sich durch die Konstruktion der Novelle als Binnenhandlung in doppelter Rahmung im Hinblick auf das Verhältnis von Realität und Fiktion ergeben.	Lösungshilfen: Kapitel 2.2; 2.3
▶ Analysieren Sie das Verhältnis von Hauke zu Elke. ▶ Welche Bedeutung hat diese Beziehung für Haukes Charakterentwicklung?	Kapitel 2.4, S. 41–63
Der Schimmelreiter – Spukgeschichte oder Gesellschaftsstudie? Nehmen Sie begründet Stellung.	Kapitel 2.1; 2.3; 2.4, S. 41–54; 2.6; 2.7; 4
▶ Erläutern Sie, inwiefern das Scheitern der Hauptfigur bereits in ihrem Charakter angelegt ist. Welche anderen Faktoren spielen eine Rolle?	Kapitel 2.4, S. 41–54; 2.7; 4

Seine Krankheit hat Hauke sehr geschwächt; er gerät in eine Krise. ▶ Schreiben Sie einen Tagebucheintrag, in dem sich Hauke am Abend nach dem Tod der alten Trien' Jans mit den Ereignissen des vergangenen halben Jahres auseinander setzt.	Kapitel 2.2, S. 31–32; 2.4, S. 41–54
Paul Heyse bezeichnete Storms Novellen einmal als „Novellen eines Lyrikers". ▶ Untersuchen Sie im Hinblick darauf die sprachliche und stilistische Gestaltung der Novelle.	Kapitel 2.6
Storm definierte die Novelle als „die Schwester des Dramas". ▶ Weisen Sie die Umsetzung dieses Novellenbegriffs in *Der Schimmelreiter* nach.	Kapitel 2.2; 2.3

4. Rezeptionsgeschichte

Die zeitgenössischen Rezensenten nahmen den *Schimmelreiter* fast ausnahmslos positiv auf. **Paul Heyse** gratulierte seinem Freund Storm in einem Brief vom 2. Mai 1888 zu seinem Werk und nannte die Novelle „ein gewaltiges Stück, das mich durch und durch geschüttelt, gerührt und erbaut hat." Begeistert äußerte sich **Moritz Necker** in seiner ausführlichen Besprechung der Novelle in der Zeitschrift „Die Grenzboten": *Der Schimmelreiter* sei „das bedeutendste Werk" Storms in der „Reihe seiner unvergänglichen Novellen", eine „nach jeder Richtung hin bewundernswürdige Schöpfung." Er lobte sowohl ihre „kunstvolle Form" wie auch den Inhalt, der „ein symbolisches Abbild des ganzen Lebens der Menschen untereinander" sei.

> *„Die künstlerische Anschauung, die sich dabei offenbart, ist gleich weit vom romantischen Idealismus wie vom rohen Naturalismus, sie ist wahr und poetisch in jeder Zeile [...]. Wie überhaupt Storm in diesem seinem Meisterwerke seine ganze künstlerische Individualität schärfer als je ausgeprägt, niemals klarer die Mischung von Romantik und Realismus geboten hat."*

Er kommt zu dem Schluss, „dass der *Schimmelreiter* zu den Juwelen unsrer Nationalliteratur gerechnet werden wird."[5] Auch **Wilhelm Brandes** lobte in den „Blättern für literarische Unterhaltung" mit kleinen Einschränkungen die Novelle als ein „mit den feinsten Strichen ausgeführtes Seelen-

5 Moritz Necker: *Posthuma*. In: *Die Grenzboten. Zeitschrift für Politik, Literatur und Kunst*. Nr. 48, 1889, S. 82–88, zitiert nach: Reclam Nr. 8133, S. 72–74.

gemälde auf düsterm Grunde. Die Schilderungen von Land und Leuten" seien „plastisch", Haukes Beziehung zu Elke „ergreifend" und der Untergang „erschütternd."
„Wie der Held um Haupteslänge seine Dorfgenossen, so überragt sein dichterisches Bild die Mehrzahl der Gestalten, die Storms Fantasie geschaffen hat. Die einzige empfindliche Schwäche des Buchs" sei der Rahmen:

> *„Das Bedenkliche der doppelten Verkapselung möchte hingehen, wenn die eigentümlichen Formen der individuell gefärbten mündlichen Mitteilung gewahrt wären [...] die ganze Darstellung aber mit ihren psychologischen Lichtern, ihren Schilderungen des Nebensächlichen, ihren Reden und Wechselreden ist so wenig mundgerecht, so durchaus literarisches Kunstwerk, dass wir dabei die Einkleidung ganz vergessen und jene gelegentlichen Erinnerungen nur als störende Unterbrechungen empfinden. Storm hat das zweifelsohne selbst gefühlt; er legt die Erzählung dem Dorfschullehrer in den Mund und lässt denselben obenein früher Theologie studiert haben; allein auch das langt nicht zu, die Kluft zu überbrücken."*[6]

Der Rahmen wird noch öfter als Kritikpunkt angeführt.
So urteilte **Albert Köster** in der Einleitung zu seiner kritischen Storm-Ausgabe, *Der Schimmelreiter* werde

> *„wohl gelegentlich um einzelner Szenen willen etwas überschätzt; die Verkünstelung einer dreifachen Rahmenerzählung hat der Dichter nicht mehr glaubhaft durchführen können. [...] Da spürt man wohl gelegentlich die Altersmüdigkeit."*[7]

---

6 Wilhelm Brandes: *Von Storm und Raabe*. In: *Blätter für literarische Unterhaltung*. Nr. 51, 1888, S. 806 f., zitiert nach: Reclam Nr. 8133, S. 70–72.
7 *Theodor Storm. Sämtliche Werke in 8 Bänden*. Hg. v. Albert Köster. Bd. 1. Leipzig 1919, S. 63.

Auch der Germanist **Claude David** kritisierte den Aufbau der Novelle:

„Der Sinn der Erzählung wird nicht etwa bereichert, sondern undeutlich gemacht. Aus der fingierten ‚Objektivität' entsteht ein unechtes und willkürliches Geheimnis, das die Bedeutung des Ganzen beeinträchtigt."

David bedauert dies, denn „aus dieser fast nihilistischen Schau hätte ein mächtiges Werk entstehen können."[8]

Thomas Mann dagegen war tief beeindruckt. Storm habe

„etwas erreicht an Urgewalt der Verbindung von Menschentragik und wildem Naturereignis, etwas Dunkles und Schweres an Meeresgröße und -mystik."[9]

---

8 Claude David: *Geschichte der deutschen Literatur. Zwischen Romantik und Symbolismus 1820–1855*. Gütersloh 1966, S. 169 ff.

9 Thomas Mann: *Theodor Storm*. In: *Gesammelte Werke in 12 Bänden*. Bd. 9: Reden und Aufsätze 1. Frankfurt/M.: Fischer 1960, S. 248.

5. Materialien

Franz Stuckert charakterisiert Hauke als

„den sich Behauptenden und sich Bewährenden im Kampfe mit dem Schicksal, [der] diesen Kampf in aktivem Zugriff und mit schöpferischer Tat aufnimmt. Die ungemeine Kraft, die gar nicht anders kann als wirken und schaffen, ist der Grundzug seines Wesens."

Durch sein freiwilliges Opfer bleibe er nicht nur

„bis zum Schluss der freie Herr seines Willens, [sondern] wie sein Werk weiterbesteht, allen Stürmen zum Trotz [...], so lebt er selber weiter als reiner Geist, als sorgende, warnende, anspornende Kraft."

Haukes Deichbau sieht er als „das Erzeugnis seiner tieferen Einsicht wie seines schaffenden Geistes und seines vorwärts drängenden Willens", bei dem sich „echtes Verantwortungsbewusstsein und eigenes Gewinnstreben, Ehrgeiz und Trotz, Schöpferfreude und Tatendrang mischen." Thema der Novelle sei „der uralte, immer wieder aufbrechende Konflikt zwischen dem Individuum und der Gemeinschaft, dem großen Menschen und dem Durchschnitt, in welchem sich der Prozess des geschichtlichen Lebens vollzieht."[10]

Fritz Böttger vertritt eine marxistische Sichtweise. Der Gegensatz zwischen „der in patriarchalischer Bequemlichkeit

---

10 Franz Stuckert: *Theodor Storm. Sein Leben und seine Welt*. Bremen: Schünemann 1955, S. 400 f.

und Unbeweglichkeit befangenen" Deichgenossenschaft und der Hauptfigur, dem „Sohn eines Kleinbauern", in dem „sich die Aufklärung in Gestalt seiner naturwissenschaftlich-technischen Erfahrungen" verkörpere, ist seiner Ansicht nach

„ein typischer der Zeit. An ihm enthüllt sich, dass die wissenschaftliche Aufklärung im 18. Jahrhundert keine das ganze Volk umfassende Bewegung darstellte, sondern bloß die mehr oder minder zufällige Errungenschaft vereinzelter Persönlichkeiten. […] An dem riesenhaften Problem der Manufakturperiode, breite Volksschichten, die […] an gemütliche Arbeitsverhältnisse und Gleichgültigkeit gegenüber öffentlichen Aufgaben gewöhnt waren, zu Arbeitsdisziplin, Unterordnung und Verständnis für neue technische Methoden und Ziele zu erziehen, scheiterte Hauke Haien."

Er erkennt auch soziale und politische Bezüge der Gründerzeit in der Novelle: Hauke Haien verkörpere

„die Vereinsamung der Intelligenz innerhalb der deutschen Misere im Allgemeinen, der achtundvierziger Intelligenz innerhalb des Bismarckreiches im Besonderen. Sein Schicksal zeigt, dass eine Loslösung vom Volk am Ende zum Untergang führt."

Böttger erkennt darin weniger persönliche Schuld als

> *„den Widerspruch einer Gesellschaftsordnung, die an der Bildung der bäuerlichen Menschen nicht das geringste Interesse hatte […] und die die Intelligenz in eine volksfremde Isolation trieb."*[11]

11 Fritz Böttger: *Theodor Storm in seiner Zeit*. Berlin: Verlag der Nation 1958, S. 354 ff.

Während die frühen Kritiker in Hauke vor allem einen starken Charakter sahen, der gegen widrige Umstände und ein tragisches Schicksal zu kämpfen hat, betonen die moderneren Untersuchungen seine Schwäche.

Volker Hoffmann verfolgt in seiner Abhandlung von 1990 einen psychologischen Ansatz. Er unterstellt der Hauptfigur ein „mörderisches Triebinneres", das sich im Katermord manifestiere, und deutet den Deichbau als Sublimierung von Aggressionen:

„In der Tat scheint das ganze Schützeramt und Retterwerk des Deichgrafen nichts anderes zu sein als die Umkehrung und mühsame Zähmung einer vernichtenden, mörderischen Natur, die, kaum gebändigt, jederzeit wieder durchbrechen kann."

In Haukes Faszination für das Meer und den Deich erkennt er ein „lebenslanges Gebanntsein an die Grenzlinie zwischen Leben und Tod." Den natürlichen Kampf der Geschöpfe vermittle er seiner Tochter „als männliche Gegenlektion zum weiblichen Lehrstück der Trien' Jans, die über eine Undinen-Geschichte der kleinen Wienke das Leiden der Kreatur vermittelt." Er „besetzt als Mann im Gegensatz zu dem (mit-)leidenden Weib aktiv [...] diese Leben-Tod-Achse."[12]

Noch stärker in diese Richtung tendieren die interpretatorischen Ansätze, die **Regina Fasold** in ihrer Storm-Untersuchung von 1997 äußert: Sie erkennt in Storms Novelle „die

---

12 Volker Hoffmann: *Th. Storm. Der Schimmelreiter. Eine Teufelspaktgeschichte als realistische Lebensgeschichte.* In: *Erzählungen und Novellen des 19. Jh.* Bd. 2. Stuttgart: Reclam 1990, S. 361 f.

noch heute interessierende Zivilisationsproblematik schlechthin." Storm thematisiere „den Grundwiderspruch des Menschen, Natur- und Kulturwesen zu sein, und damit in einem schwer durchschau- und noch weniger beherrschbaren Abhängigkeitsverhältnis zu dieser ersten Natur zu stehen." Hauke Haien zeige einen „starken Aggressionstrieb, [...] der zerstörerisch wirken kann, [...] würde er nicht in der Kulturleistung sublimiert." Daraus folge auch

„das rigide Unterwerfen der eigenen Natur unter das kulturstiftende Aufsteigerkonzept. Die Tragik Hauke Haiens besteht aus der Perspektive seiner Sozialisation gerade darin, dass seine überragenden intellektuellen Fähigkeiten und seine Willenskraft von Grund auf kompensatorischen Charakter tragen mussten und ein menschliches Defizit zur Voraussetzung hatten."

Besonderes Gewicht misst sie der Tatsche bei, dass Hauke ohne Mutter aufwuchs. Sie deutet seine Beziehung zum Meer, dem „mütterlichen Element schlechthin", auf dieser Basis als

„innerpsychische Realität, die in der Vernichtungsbedrohung durch eine aggressive Mutterimago besteht [...] und gegen deren massive Frustration nur der Aufbau von Allmachtsfantasien schützt."[13]

13 Regina Fasold: *Theodor Storm*. Stuttgart: Metzler 1997.

Literatur

Ausgaben:

Storm, Theodor: *Der Schimmelreiter*. Stuttgart: Reclam Universal-Bibliothek Bd. 6015, 2001.
(Nach dieser Ausgabe wird zitiert.)

Storm, Theodor: *Der Schimmelreiter. Text, Entstehungsgeschichte, Quellen, Schauplätze, Aufnahme und Kritik*. Hg. v. Karl Ernst Laage. Heide: Westholsteinische Verlagsanstalt Boyens & Co. 2002.
(enthält Landkarten, Auszüge aus Briefen und Tagebucheinträgen des Dichters, Quellenmaterial sowie den ursprünglichen Schluss der Novelle)

Lernhilfen und Erläuterungen:

Hoffmann Volker: *Theodor Storm. Der Schimmelreiter*. In: Erzählungen und Novellen des 19. Jahrhunderts. Bd. 2. Stuttgart: Reclam Universal-Bibliothek Bd. 8414 (Reihe *Interpretationen*), 1997

Wagener, Hans: *Theodor Storm. Der Schimmelreiter*. Stuttgart: Reclam Universal-Bibliothek Bd. 8133, 1998 (Reihe *Erläuterungen und Dokumente*).

Weinreich, Gerd: *Der Schimmelreiter. Theodor Storm*. Frankfurt am Main: Diesterweg 1997 (Reihe *Grundlagen und Gedanken. Erzählende Literatur*. Hg. v. Hans-Gert Roloff).
(detaillierte Analyse der Novelle, ausführliche Untersuchungen zu Stil und Sprache, sowie interessante Deutungsansätze)

Kommentare und Dokumentationen:

Holander, Reimer Kay: *Theodor Storm. Der Schimmelreiter. Kommentar und Dokumentation.* Frankfurt am Main: Ullstein 1976.

Biografien:

Bollenbeck, Georg: *Theodor Storm. Eine Biographie.* Frankfurt am Main: Insel Verlag 1988.

Fasold, Regina: *Theodor Storm. Bildbiografie.* Leipzig: Bibliografisches Institut 1988.

Laage, Karl Ernst: *Theodor Storm. Leben und Werk.* Husum: Husum Druck- und Verlagsgesellschaft 1993.

Sonstige Literatur:

Laage, Karl Ernst: *Theodor Storm in Husum und Nordfriesland.* Heide: Westholsteinische Verlagsanstalt Boyens & Co, o. J.
(Führer durch die Stormstätten in Nordfriesland und das Stormhaus in Husum, enthält im Anhang eine Bibliografie)

Sehr umfangreiche Informationen bieten die jährlich herausgegebenen „Schriften der Theodor-Storm-Gesellschaft" mit Aufsätzen zu aktuellen Forschungserkenntnissen.

Materialien aus dem Internet:

http://www.storm-gesellschaft.de
(Homepage der Theodor-Storm-Gesellschaft, ***der*** *Instanz für Fragen zu Leben und Werk des Dichters; dort lassen sich unter: http://www.storm-gesellschaft.de/Schimmelreiter/html/index.htm umfangreiche Informationen zu den Quellen der Novelle, zur Entstehungsgeschichte, Rezeptionsgeschichte, zu Aufbau und Struktur, zur Unterrichtsgestaltung u. v. m. finden.)*

Schimmelreiter – Verfilmungen:
Der Schimmelreiter. Deutschland 1933/34
Regie: Curt Oertel und Hans Deppe

Der Schimmelreiter. BRD 1977/78
Regie: Alfred Weidenmann

Der Schimmelreiter. DDR/Polen 1984
Regie: Klaus Gendries

Wie interpretiere ich ...?

viele Zusatzinfos

regt zum selbstständigen Arbeiten an

mit vielen Beispielen

bewusste Dreiteilung der Bände zum gezielten Lernen

■ Der Bestseller!

Die Herausgeber der Buchreihe „Wie interpretiere ich ...?" wollen zur selbstständigen Arbeit mit den im Unterricht behandelten literarischen Gattungen anregen und dazu Hilfestellung geben.

Basiswissen beinhaltet:
- grundlegende Sachinformationen zur Interpretation und Analyse
- Grundlagen zur Erstellung von Interpretationsaufsätzen
- Fragenkatalog mit ausgewählten Beispielen
- Analyseraster

Anleitungen beinhalten:
- Bausteine einer Gedichtinterpretation
- Musterbeispiele
- Selbsterarbeitung anhand praxisorientierter Beispiele

Übungen mit Lösungen beinhalten:
- konkrete, für Klausur und Abitur typische Fragen und Aufgabenstellungen zu unterrichts- und lehrplanbezogenen Texten mit Lösungen
- epochenbezogenes Kompendium

Bernd Matzkowski
Wie interpretiere ich? (Basis wissen)
Sek. I/II (AHS)
124 Seiten
Best.-Nr. 1417-6 **Euro 10,00 [D]**
10,30 Euro[A] / sFr. 17,60

Bernd Matzkowski
Wie interpretiere ich ein Drama? (Basis wissen)
Sek. I/II (AHS)
112 Seiten
Best-Nr. 1419-2 **Euro 10,00 [D]**
10,30 Euro[A] / sFr. 17,60

Bernd Matzkowski
Wie interpretiere ich Novellen und Romane? (Basis wissen)
Sek. I/II (AHS)
88 Seiten
Best-Nr. 1414-1 **Euro 10,00 [D]**
10,30 Euro[A] / sFr. 17,60

Bernd Matzkowski
Wie interpretiere ich Kurzgeschichten, Fabeln und Parabeln? (Basis wissen)
Sek. I/II (AHS)
92 Seiten, mit Texten
Best-Nr. 1456-7 **Euro 10,00 [D]**
10,30 Euro[A] / sFr. 17,60

Bernd Matzkowski
Wie interpretiere ich Lyrik? (Basis wissen)
Sek. I/II (AHS)
112 Seiten, mit Texten
Best-Nr. 1448-6 **Euro 11,70 [D]**
12,10 Euro[A] / sFr. 20,20

Thomas Brand
Wie interpretiere ich Lyrik? (Anleitung)
Sek I/II (AHS)
205 Seiten, mit Texten
Best-Nr. 1433-8 **Euro 13,30 [D]**
13,70 Euro[A] / sFr. 23,20

Thomas Möbius **NEU**
Wie interpretiere ich Lyrik?
Übungen mit Lösungen, Band 1
Mittelalter bis Romantik ET 5/2003
mit Texten
Best.-Nr. 1460-5 **ca. 11,70 Euro[D]**
12,10 Euro[A] / sFr. 20,20

Thomas Möbius **NEU**
Wie interpretiere ich Lyrik?
Übungen mit Lösungen, Band 2
19. und 20. Jahrhundert ET 5/2003
mit Texten
Best.-Nr. 1461-3 **ca. 11,70 Euro[D]**
12,10 Euro[A] / sFr. 20,20

Bange Verlag